Parménides

PLATÓN

Parménides

PRÓLOGO DE
MERCEDES LÓPEZ MATEO

TRADUCCIÓN DE
M.ª ISABEL SANTA CRUZ

GREDOS

Volumen original: Biblioteca Clásica Gredos, 117.
Asesor de la colección: Luis Unceta Gómez.

Avda. Diagonal, 189 - 08018 Barcelona
www.rbalibros.com

Primera edición en esta colección: octubre de 2025.

RBA · GREDOS
REF.: GCLA041
ISBN: 978-84-2499-888-2
DEPÓSITO LEGAL: B. 15.402-2025

EL TALLER DEL LLIBRE • PREIMPRESIÓN

Impreso en España – *Printed in Spain*

PEFC
PEFC/14-38-00302
www.pefc.es

CONTENIDO

PRÓLOGO

por

MERCEDES LÓPEZ MATEO

I. INTRODUCCIÓN

En los trucos de magia, lo importante siempre sucede lejos de la mirada del espectador. Un buen prestidigitador sabe desviar la atención en el momento preciso para llevar a cabo su gesto definitivo. Platón, en ocasiones, no es más que un gran prestidigitador. Desaprobaba a los poetas de la *pólis* y, sin embargo, a veces no era tan distinto a ellos. Probablemente el *Parménides* sea su mayor truco, pues, veinticinco siglos después, las mejores mentes de la filosofía siguen sin ponerse de acuerdo para descifrar este diálogo sobre lo uno y lo múltiple.

Unos dicen que son meros ejercicios de gimnasia mental, otros, que son la antesala del perfeccionamiento de su teoría de las formas o ideas. Una parodia de mal gusto, una teología platónica oculta, un texto falsamente atribuido a Platón... A su manera, todos tratan de dar sentido al diálogo, especialmente a su última parte, el colosal e indescifrable discurso de Parménides. Mientras, la magia acontece en otro lugar, en otras líneas. Por supuesto, el discurso de Parménides es valioso y merece ser atendido, pero sin que ello suponga pasar por alto el resto del diálogo.

Es más, incluso en la Antigüedad los cómicos se burlaban

de Platón, ya que eran conocidas sus enrevesadas artimañas discursivas. Así lo cuenta Diógenes Laercio, en su *Vida y opiniones de los filósofos ilustres* (III, 26), donde recoge las palabras del cómico Teopompo al ridiculizarlo en su *Hedicares*: «Pues ni lo uno es uno, / y el dos apenas es uno, según dice Platón». Parece que no debemos apenarnos demasiado si no logramos entenderlo, porque lo cierto es que ni sus contemporáneos siempre lo hacían.

2. PLATÓN: UN NIÑO DE LA GUERRA CONVERTIDO EN FILÓSOFO

La vida de Platón continúa siendo una incógnita. En la actualidad conservamos un número muy limitado de fuentes que nos permitan hacernos a la idea de quién fue Platón o, al menos, de qué se contaba sobre él en la Antigüedad. Las principales son la Carta VII, una epístola autobiográfica donde Platón relata sus viajes a Sicilia, y *Vida y opiniones de filósofos ilustres*, del biógrafo y doxógrafo Diógenes Laercio en el siglo III d. C. La autenticidad de las trece cartas platónicas es todavía una cuestión muy debatida entre los expertos, pero, si hubiéramos de confiar en una de ellas, sin duda sería la séptima. Su valor no solo es incalculable por tratarse de un testimonio en primera persona acerca de un episodio concreto de la vida de Platón, sino por la cantidad de información que nos aporta sobre su personalidad, sus esperanzas, deseos y posicionamientos políticos. Es, con seguridad, el texto más íntimo que tenemos del filósofo.

Mientras tanto, la compilación de Diógenes Laercio nos concede una visión más extensa y global de su vida y, aunque le separaban ya varios siglos de aquella Atenas de la Academia, da cuenta de muchas obras que no han llegado a nuestros días, pero que fueron la base de su relato, como *Sucesiones de filósofos* de

Alejandro Polihistor. Además, esta biografía, como tantas otras de su género, entrelaza la verdad con anécdotas y cotilleos que solían transmitirse o magnificarse sobre Platón, dificultando en ocasiones el discernimiento para nosotros, los modernos. Por ejemplo, se cuenta que tenía por enemigos a Aristipo y a Esquines (III, 36) o que regañó a uno por jugar a los dados (III, 38). ¿Serían verdad estos rumores de época? Lo cierto es que no hay manera de saberlo, pero lo que está claro es que su fama no fue algo pasajero, pues a nadie dejaba indiferente.

Por lo demás, los datos que Diógenes Laercio nos aporta no son trascendentales y, cambiando los nombres, se diferencian poco o nada de cualquier otra historia de vida: gracias a él sabemos que fue hijo de Aristón y de Perictíone; que, por esta, su autoctonía ateniense se remontaba hasta el gran legislador y sabio Solón, por lo que su familia estaba bien posicionada; que tuvo parientes entre los Treinta, aquellos que habían instaurado una cruel oligarquía en Atenas tras su derrota en la guerra del Peloponeso; que tuvo una vida larga, hasta los ochenta y un años dicen algunos, aunque otros creen que algunos más. También cuenta cómo fue su primera educación y cómo, en realidad, se llamaba Aristocles, pero obtuvo el apodo de Platón debido a su robustez en el *gymnásion* (si bien esto también es discutido en la actualidad). Tras ello, fue discípulo de Sócrates desde los veinte años y, a su muerte, aprendió también con seguidores de Parménides y de Heráclito, con matemáticos y con pitagóricos. Finalmente, dice Diógenes Laercio, al haber pasado la mayor parte de su tiempo filosofando, fue enterrado en la Academia con honores públicos (III, 41). Y, curiosamente, no ha sido hasta este año 2024 que hemos descubierto dónde se encuentra exactamente su tumba, gracias a la lectura mediante inteligencia artificial de un papiro carbonizado de Herculano. En efecto, incluso la Antigüedad es un conocimiento *in fieri* para nosotros.

Pero, sin duda, las mejores historias de la vida de Platón tienen que ver con los viajes a Sicilia que antes mencionábamos. Como él mismo cuenta en la carta VII, se desplazó a la ciudad de Siracusa hasta en tres ocasiones, donde se reunió con los tiranos que allí gobernaban: primero, Dionisio el Viejo y, después, Dionisio el Joven. Sucedió cuando ya rondaba los cuarenta años (388-387 a. C.), es decir, cuando ya había sufrido fuertes desengaños con la política. Por un lado, desde su nacimiento creció en medio de un conflicto bélico que supuso el inicio del fin para Atenas, la guerra del Peloponeso, en la que se enfrentó a Esparta desde el 431 a. C. hasta el 404 a. C. A esto le siguió la tiranía de los Treinta, cuando el joven filósofo tenía cerca de veinticinco años, y, si bien al principio guardaba ciertas esperanzas, pronto se percató de que era un régimen plagado de injusticia. Por último, la restauración de la democracia, que parecía ser un oasis en medio de la inmoralidad política y la decadencia ateniense, acabó por condenar a muerte a Sócrates (399 a. C.), el que para él había sido el hombre más justo de su tiempo. Tras estos acontecimientos, Platón no quiso saber nada más de la política.

Pero, volviendo a sus viajes, del primero no tenemos demasiada información. Diógenes Laercio cuenta que fue con la intención de visitar el Etna, como haría cualquier turista actual, y que una vez allí conoció a Dionisio I el Viejo. En sus conversaciones sobre el gobierno tirano, continúa, Platón no se mostró complaciente, por lo que Dionisio estuvo a punto de matarlo y, según se rumoreaba, lo acabó vendiendo como esclavo (III, 18-19).

Sin embargo, su siguiente andanza fue mucho más interesante. Platón viajó por segunda vez a Siracusa con el propósito de enseñar filosofía al tirano para, de esta manera, llevar a la práctica su teoría del rey-filósofo: aquellos que dirigen las grandes ciudades deben estar instruidos en el Bien y la Justicia. Sus palabras en la carta VII son todavía más rotundas: «no cesarán los males del género humano hasta que ocupen el poder los filósofos puros y auténticos o bien los que ejercen el poder en las ciudades lleguen a ser filósofos verdaderos» (326a-b). Por esta razón llegará a justificarse diciendo que, si se aventuró a tal empresa, fue únicamente porque se avergonzaba ante la idea de parecer «un charlatán» y traicionar la filosofía que tan fervientemente había defendido. Por desgracia, Platón fracasó en su intento de moldear el espíritu del tirano y los asuntos públicos volvieron a decepcionarle.

Como no hay mal que por bien no venga, gracias a estos viajes Platón descubre lugares cruciales para su trayectoria filosófica. A su paso por la Magna Grecia —el nombre que los griegos daban a sus colonias en el sur de la península itálica y en Sicilia— llegó a Tarento, donde se encontraban los pitagóricos que tanto le fascinaron y que le inspiraron para fundar la Academia a su regreso del primer viaje. De los pitagóricos Platón también tomó numerosas ideas que después haría suyas, aunque a su manera: no solo decidió colocar, cuenta una leyenda tardía, una inscripción a la entrada de la Academia, donde decía que nadie podría entrar sin saber geometría; sino que también adoptó su comprensión de la inmortalidad del alma y su teoría de las ideas. Así, esta escuela itálica será decisiva para la conformación de la filosofía platónica.

2.1. *¿Qué es el diálogo platónico?*

En su obra, Diógenes Laercio presentará una definición de los diálogos muy similar a aquellas que nos hacían aprender de memoria en la escuela: «El diálogo es un relato compuesto de preguntas y respuestas acerca de un tema filosófico o político con una conveniente caracterización de los personajes que intervienen y de la expresión estilística» (III, 48). Más allá de la descripción escolar, lo importante de las palabras del doxógrafo es que el diálogo platónico es, ante todo, un relato. La relación entre la escritura y la filosofía en la antigua Grecia es un asunto sobre el cual se han vertido ríos de tinta, de donde surgen trabajos brillantes como los de Eric A. Havelock. Platón especialmente era receloso hacia la escritura, pues pensaba que no era más que un arte secundario e inferior que se reducía a imitar las palabras vivas de la oralidad (*Fedro* 275a-e). Al fin y al cabo, el recelo actual ante nuevas tecnologías como ChatGPT o Google no dista tanto del razonamiento que ya entonces hacía Platón frente al uso de la escritura: es un veneno para la memoria.

No debe extrañarnos, entonces, que su filosofía no nos haya llegado mediante tratados filosóficos, al estilo de la sistematicidad de Aristóteles, o a través de ensayos, como los que popularizaría Montaigne siglos después. En su lugar, Platón optó por los diálogos como estilo literario capaz —o quizá sea mejor decir el menos incapaz— de recoger el dinamismo que debía caracterizar a la filosofía viva: la dialéctica. De nuevo, con sus sencillas definiciones, Diógenes Laercio nos da las claves para comprenderlo mejor: «La dialéctica es el arte de las discusiones mediante la cual confirmamos o refutamos cierta tesis por medio de la pregunta y la respuesta de los interlocutores» (III, 48). Así, en los diálogos platónicos siempre encontraremos más de una opinión (*dóxa*) que el personaje de Sócrates refutará de un modo razonado y deductivo para dar como resultado el verdadero conocimiento (*epistéme*).

La lógica tras el modo de filosofar de Platón es similar a la de nuestros maestros de matemáticas en la escuela: a la hora de resolver un ejercicio, de nada serviría indicar únicamente el resultado si antes no demostramos un correcto desarrollo del problema. En consecuencia, será entonces nuestra misión seguir el ritmo a Sócrates hasta la conclusión a la que quiere conducirnos. En Platón, el estilo y el pensamiento, la forma y el contenido, se entrelazan de tal manera que no podemos entender uno sin el otro. Dicho carácter literario, además, supondrá una dificultad añadida para los intérpretes como nosotros, pero a esta cuestión volveremos a su debido tiempo.

2.2. *La cuestión socrática*

Una vez que tenemos claro que los diálogos platónicos, además de filosóficos, cuentan con un alto componente literario, parece razonable preguntarse: ¿quién habla entonces en ellos? ¿Es Platón quien se encuentra detrás de las ideas presentadas? ¿En qué lugar deja eso a Sócrates? ¿Son autor y protagonista una y la misma mente? Incluso Diógenes Laercio se haría eco de esta clase de dudas, pues otra de las divertidas anécdotas que recogió contaba lo siguiente: «Dicen que Sócrates escuchó a uno que leía el *Lisis* de Platón y comentó: "¡Por Heracles! ¡Qué montón de mentiras cuenta de mí ese jovenzuelo!". Pues había escrito allí no pocas cosas que el Sócrates real no dijo nunca» (III, 35). En definitiva, al hacernos estas preguntas, nos habremos topado con la conocida como «cuestión socrática».

Cuando intentamos acercarnos a la realidad detrás de esa colosal «Antigüedad», no solo nos enfrentamos al reto de la escasez de fuentes, sino, también y principalmente, a la necesidad de categorizar estas con distintos niveles de veracidad. Por ejemplo, es conocida la comedia de Aristófanes en la que ridiculiza a Sócrates, *Las nubes*. ¿Debemos interpretar al pie de la letra lo allí dicho, es decir, que Sócrates era en realidad un sofista más que perturbaba a los jóvenes atenienses con artes cuestionables como la retórica o la astronomía? Si recordamos las razones por las que, según Jenofonte (*Apología* 10), fue condenado a muerte —impiedad y corromper a los jóvenes—, quizás el cómico no andaba tan desencaminado. Sin embargo, a cualquiera le parecería absurdo si, dentro de unos cuantos siglos, alguien tratara de describir nuestra política actual a través de los especiales de Nochevieja de José Mota. Sin duda, el humor puede esconder mucho de verdad, pero también es preciso saber interpretarlo.

Por esta razón, el testimonio principal a través del cual solemos reconstruir la figura de Sócrates es el de Platón, pero siempre con la cautela de saber que este será un «Sócrates platónico». Es más, no son pocos los expertos que opinan que, en los diálogos, debemos entender a Sócrates como un mero portavoz de las doctrinas de Platón, ya que todas aquellas opiniones que desecha o critica las encontramos en boca de otros personajes, como Calicles, Gorgias, Hipias y tantos otros. Dependiendo de la obra a la que dirijamos nuestra atención, se nos presentará un Sócrates muy diferente: en los primeros textos de Platón, Sócrates es anciano y está próximo a su condena a muerte; una vez que entramos en una etapa de mayor madurez, Platón pasa a describirlo de un modo más juvenil y enérgico, interesado por un sinfín de temas filosóficos diversos. Pero existe un diálogo en el que, se suele afirmar, encontramos a «Sócrates antes de convertirse en Sócrates», es decir, antes de ser el gran maestro de la filosofía que Platón nos presenta en el resto de sus diálogos. A este joven ávido de saber y lleno de potencial lo conoceremos en la obra que aquí nos ocupa, el *Parménides*.

3. UNA MUÑECA RUSA EN ATENAS

En la película de Christopher Nolan *Inception* (2010), los personajes son capaces de sumergirse en sueños ajenos. Desde allí, roban información privilegiada que, de otro modo, no saldría nunca de sus mentes. También construyen historias capaces de alterar el curso del subconsciente y, en consecuencia, de los acontecimientos del mundo real. Llegan incluso, si lo recuerdan, a entrar en un sueño dentro de otro.

La escena dramática que Platón propone al inicio de este diálogo no se aleja demasiado de la muñeca rusa a la que Nolan nos invita de la mano de Leonardo DiCaprio. El rompecabezas es el que sigue: nuestro narrador es Céfalo, quien, a su llegada a Atenas, se encuentra con Adimanto y Glaucón, hermanos mayores de Platón, y les solicita ver a Antifonte, hermanastro por parte de madre de estos. La razón es que ha oído que Antifonte escuchó muchas veces en voz de un tal Pitodoro la conversación que tuvo una vez lugar entre el joven Sócrates, el venerable y anciano Parménides y su discípulo Zenón. Al igual que hoy un sevillano acoge a sus amigos madrileños, deseosos de vivir una auténtica Semana Santa, así podríamos quizás imaginar a Pitodoro, quien hospedó a Zenón y a Parménides en una ocasión con motivo de su visita a Atenas por las Grandes Panateneas del 450 a. C. De esta manera, la narración de Céfalo sería casi como un mal chiste del teléfono escacharrado: entonces Antifonte dijo que Pitodoro contaba que Sócrates respondía a Parménides diciendo que...

¿Qué importancia tiene esto? Este enrevesado estilo indirecto supone sin duda un esfuerzo añadido al comienzo del diálogo a la hora de situarnos en el escenario de la conversación. Es más, nos encontramos ante el único diálogo, junto al *Banquete*, en el que el narrador no estuvo presente en la conversación que va a relatarnos. Conociendo al viejo filósofo de Atenas, nada de esto es casual. Platón es astuto, pero rara vez obvio. Nos está dando pistas para que sepamos situar correctamente el marco histórico-filosófico en el que dialoga. Por así decirlo, nos ayuda a entender quiénes son los invitados a la fiesta a la que se está uniendo. He aquí la magia que permite crear el estilo literario de Platón y que explica la particularidad de sus diálogos.

Imaginemos que, dentro de cincuenta años, alguien tratara de entender cualquiera de las columnas de opinión que hoy se escriben en los diarios. Sería un ejercicio sumamente complicado, pues haría falta todo un entramado de referencias ocultas, críticas y respuestas cruzadas que son, en última instancia, las que dan sentido y sitúan el texto en su contexto. Las que nos ayudan a ubicar, siguiendo la metáfora, a cada invitado de la fiesta. Si bien los debates de nuestros antiguos no eran tan breves y volubles como los que hoy ocupan nuestro tiempo, lo cierto es que la dificultad sigue siendo la misma. ¿Qué voces, explícitas e implícitas, toman parte en este diálogo? ¿Contra quién hablan? ¿Desde dónde lo hacen? En otras palabras, si nos descuidamos, la distancia temporal acabará por convertir un texto vivo que dialogaba con su época en un objeto fosilizado más de nuestro canon filosófico.

Veamos cuáles son estas voces. La escena es enrevesada, pues Céfalo proviene de Clazómenas, una *pólis* al otro lado del mar Egeo, en Jonia, en la que casualmente nació también Anaxágoras, quien fue maestro de Arquelao que, a su vez, fue maestro de Sócrates. En un diálogo platónico anterior, *Fedón*, Sócrates cuenta cómo en su juventud quedó fascinado por la filosofía naturalista de Anaxágoras y su *noûs*, su concepto de mente, pero que finalmente acabó decepcionándole por resultarle insuficiente (96a-102a). Según relata, esa falta fue la que le condujo a su teoría de las ideas. Hemos de tener presente que Atenas, en aquella época, era un enclave privilegiado para el intercambio de conocimiento. Se cuenta que fue el propio Anaxágoras quien llevó por primera vez la filosofía a Atenas desde Clazómenas. Al igual que Zenón fue años atrás desde el oeste a leer en voz alta su tratado y compartir sus doctrinas, ahora Céfalo viajaba desde el este con unos «conciudadanos suyos, cabales filósofos» (126b) que querían escuchar aquel antiguo relato.

Es en este sentido que el «sueño dentro del sueño» de Nolan toma forma en Platón: nos encontramos ante un diálogo sobre lo uno y lo múltiple que, lejos de ser una invención absoluta de Platón, no sería más que esa última y diminuta muñeca rusa dentro de un gran debate previo entre dos grandes escuelas. Lo entenderemos mejor una vez superado el prólogo: la historia comienza con Zenón de Elea terminando de leer en voz alta uno de sus tratados, en el cual pretendía refutar la multiplicidad de los críticos que previamente habían ridiculizado el razonamiento parmenídeo de su maestro. Según el criterio tardío que nos llega desde Diógenes Laercio, Zenón y Parménides son eleatas, miembros de esta escuela de pensamiento itálica, interesados por lo intangible, las formas y la unidad. Mientras tanto, aquellos pluralistas que habían refutado la unidad de Parménides, según se cree, eran pitagóricos, aunque no hay manera de saberlo con seguridad porque no conservamos dicho escrito de Zenón. Todos estos personajes y corrientes filosóficas del momento, sumados a los ya mencionados jonios de Clazómenas —donde la filosofía versaba más bien sobre la naturaleza y lo sensible—, tomarán parte en la síntesis crítica que hará Platón y que dará lugar a su teoría de las formas, asunto central de la obra. Como vemos, el diálogo en cascadas no solo está presente en el estilo literario del *Parménides*, sino en todo el debate filosófico que esconde.

Nada de lo dicho hasta el momento sería posible sin la ficción. En el segundo nivel del relato, Antifonte no era más que un muchacho cuando aprendió de memoria lo que Pitodoro, ya tiempo atrás, había presenciado. Mientras tanto, en el primer nivel, Céfalo lo encuentra siendo ya un hombre de cierta edad. Los protagonistas de la historia hace mucho que abandonaron el mundo mortal. En otras palabras, el encuentro que rememoraremos aconteció en un pasado muy remoto, pues ya ni siquiera aquel joven Sócrates permanece con vida cuando Céfalo viaja a Atenas (si así fuera, él mismo podría haber contado la historia).

Dicho tiempo lejano, además, se mueve en una categoría muy similar a la de nuestros hermanos pequeños cuando jugábamos al escondite y estaban exentos de «quedársela». Como quienes son demasiado jóvenes para competir con sus mayores, aquello que sucede en un tiempo lo suficientemente alejado logra suspender el juicio de sus oyentes. Piensen en cualquier mito fundacional: el paraíso de Adán y Eva, el Palatino de Rómulo y Remo, la Atenas de Teseo... Todos ellos se ubican en un pasado imposible de llevar a examen y, por tanto, liberado de la pregunta por su veracidad. ¿Realmente se conocieron Sócrates y Parménides en algún momento de sus vidas? La respuesta solo podremos intuirla.

Sin embargo, esta neutralidad —el hecho de no saber si fueron o no hechos verídicos— no se traduce en irrelevancia a la hora de comprender el diálogo de Platón. Es a través de las ficciones que el ser humano exhala su verdad más profunda. Evidentemente no podía ser de otra forma para el padre de la filosofía occidental. La distancia temporal le concede cierto peso a la historia. Nos muestra la importancia del encuentro y, al mismo tiempo, nos ayuda a suponer que no era más que un hecho ficticio. Se trata de una advertencia para que no nos entretengamos demasiado en corroborar la exactitud histórica de los hechos, pues, como anunciamos al principio, la magia se encuentra siempre en otro lugar.

3.1. *Sócrates antes de ser Sócrates*

Este recurso literario entraña un último detalle: Platón nos presenta a un Sócrates joven, seguramente en sus veinte años, todavía con mucho que aprender (127c; 130e). Mientras tanto, siguiendo las palabras de Homero, describe a Parménides como aquel gigante de la filosofía: venerable y temible. Encontramos a Parménides como un hombre ya muy anciano, cuya apariencia se mantenía bella y noble pese a sus aproximados sesenta y cinco años (127b).

Sabemos que el diálogo no pudo suceder realmente, no porque las fechas de nacimiento de ambos filósofos no pudieran aproximarse a la cronología que marca el *Parménides*, sino por lo difícil que resulta imaginar a un joven Sócrates de veinte años que pudiera haber ya conformado con tanta precisión su teoría de las formas. Como quizá sepan, lo que busca esta teoría es dar una explicación al mundo sensible en el que vivimos a través de una multiplicidad de formas suprasensibles, inteligibles, de las cuales derivaría el primero. Naturalmente, en el momento en que Platón compuso el diálogo, sus planteamientos sobre las ideas estaban más que asentados, pues ya habían sido descritos en diálogos previos como *Hipias Mayor*, *Menón* o *Fedón*, entre otros. Entonces, ¿por qué construir este marco literario? ¿Por qué poner las formas en boca de un Sócrates lleno de juventud y, sobre todo, inexperiencia? Sin duda, su falta de madurez debe simbolizar algo más que una mera referencia histórica.

Lo que sí está claro es que, a partir del *Parménides*, Platón da un rumbo distinto a su teoría sobre las formas, con lo cual podemos suponer que la consideraba, hasta cierto punto, todavía inconclusa o inmadura. Por esta razón, la cuestiona y pone a examen a través del filósofo que más respetaba y que tenía en mayor estima, Parménides.

En efecto, el tiempo en que se desarrolla la escena apunta hacia otro elemento indispensable de la obra: la admiración. Si existe algo atemporal en el ser humano es la inevitabilidad de nuestra condición mortal. Es la carne la prueba infalible del paso del tiempo, al igual que, durante siglos, un síntoma de sabiduría. Parménides, por necesidad, había de estar más entrenado en el arte de la filosofía que Sócrates por una razón tan sencilla como haber nacido mucho antes. ¿Pensaba quizás Platón que sus postulados sobre las formas suprasensibles no estaban todavía a la altura del maestro de Elea? ¿Sentía que estaba en deuda con aquel que primero, de un modo todavía embrionario, había diferenciado entre el mundo de la verdad inmutable y otro sensible del devenir? Al fin y al cabo, será él mismo quien afirme, en otro de sus diálogos, que el origen de toda filosofía está en la admiración (*Teeteto* 155d).

Las pistas que nos deja Platón al respecto guardan hasta cierta ternura. Todas ellas se encuentran en diálogos de la misma tetralogía que el *Parménides*, por lo que podemos suponer que esta pasión por el gran filósofo de Elea pudo estar relacionada con sus viajes a la magna Grecia de los que hablamos páginas atrás. En el *Sofista*, Platón llamará en boca del extranjero a Parménides «padre» (241d). También en el *Teeteto* Sócrates hará referencia al encuentro que recoge el *Parménides* y, además de calificarlo de «venerable y terrible», siguiendo la expresión de Homero, dirá algo mucho más útil: «así es que tengo el temor de que no podamos entender su doctrina y se nos escape el pensamiento que expresan sus palabras» (184a). ¿Es quizás esto un indicio sobre lo que ya Platón pensaba que sucedía con Parménides, su doctrina y, en consecuencia, algo de lo que pretendía transmitir con esa última parte del diálogo homónimo?

Debido a esta dificultad, como es comprensible, muchos han visto en el *Parménides* un mero ejercicio didáctico, una especie de gimnasia para el intelecto. Si bien ha sido ampliamente desmentido por los comentadores de Platón que esta fuera la intencionalidad original del texto, sin duda podemos rastrear un poso de admiración en todo joven que busca demostrar su valía a sus maestros. Al igual que el niño que llama a voces a sus padres para enseñarles cómo monta en bicicleta, también Sócrates busca compartir sus logros con sus mayores. Es más, será el propio Parménides quien recomiende a Sócrates continuar con «esa práctica aparentemente inútil» para, literalmente, ejercitarse ahora que todavía es joven (135d-e).

4. EL CONTENIDO Y EL PROPÓSITO DEL *PARMÉNIDES*

Si hasta el momento no habíamos tratado de resumir el contenido del *Parménides* es porque, como anunciábamos en la introducción, ni los mayores expertos logran ponerse de acuerdo. Seguramente muchas de nuestras actuales incógnitas no lo fueran para los contemporáneos de Platón, ya fueran de su escuela o de otras como las mencionadas. Asomarnos a la Antigüedad, más aún en filosofía, se parece mucho a correr para tocar el horizonte: cuanto más nos esforzamos, más parece escaparse entre nuestros dedos. En cualquier caso, sí parece que podemos hacer algunas afirmaciones sobre el contenido del diálogo.

El texto se compone de dos partes claramente diferenciadas, tanto por temática como por dificultad. En la primera, Sócrates critica aquel tratado de Zenón con el que daba comienzo la escena dramática del diálogo, presentando como alternativa su teoría de las formas o ideas (127e-130a). Sin embargo, Parménides intervendrá para someter a examen la propuesta socrático-platónica a través de una serie de argumentos que Sócrates no llegará a responder (130a-134e). Todos ellos inciden en las lagunas que tiene la teoría a la hora de explicar cuál es exactamente la relación entre las ideas y las propiedades de las cosas materiales: si las cosas del mundo sensible son múltiples, pero las ideas de belleza o de grandeza, por ejemplo, son unitarias, ¿cómo debemos entender su vinculación? ¿Puede una misma idea participar de multitud de objetos sin perder su unidad indivisible? Y, entonces, ¿no sería múltiple al estar en tantos objetos a la vez? ¿Y esa multiplicidad de cosas que participan de la idea, sumada a la idea en sí, no daría lugar a su vez a una segunda idea superior?

Llegados a este punto, parece lógico preguntarse por qué Platón dejaría sin respuesta estas más que razonables objeciones. Algunos expertos, como R. E. Allen, opinan que quizás esa es la vía para conectar la heterogeneidad de las dos partes del diálogo: cuando, unas líneas atrás, veíamos que Parménides le decía al joven filósofo que aún debía ejercitarse más en esa gimnasia mental, quizás se debía a que su teoría, pese a merecer la pena, aún estaba muy verde y, a causa de ello, se encontraba en aporía ante sus réplicas. En consecuencia, para Allen, la segunda parte del diálogo vendría a ser una demostración de la clase de ejercicios dialécticos que el venerable filósofo estaría recomendando a Sócrates. De esta manera, según también C. Meinwald, aquí habríamos de encontrar la solución a los problemas planteados en la primera parte.

No obstante, la hipótesis no es tan obvia. Esta segunda sección, que es con diferencia la más larga, abre paso a un enrevesado monólogo por parte de Parménides (137c-166c) acerca de lo Uno, su posible existencia y las consecuencias que de ello se derivan. Lo vehicula a través de ocho hipótesis que requieren de toda nuestra atención para lograr seguirle el ritmo: si lo Uno es, si lo Uno no es... Es más, cuando finaliza su soliloquio, Parménides llega a una conclusión en la que afirma y desmiente todas sus hipótesis al mismo tiempo. Ante este aparente sinsentido, a su interlocutor no le queda más remedio que acabar el diálogo contestando «*Alethéstata*», que es el superlativo de verdadero. ¡Como si estuviera absolutamente de acuerdo con las conclusiones obtenidas! Ya vemos que la ironía nunca escasea en los diálogos de Platón. En cualquier caso, es todo un galimatías que aún enfrenta a muchos intérpretes en la actualidad.

Por esta razón, hay quienes piensan que lo importante ha de encontrarse únicamente en una de las secciones, ya sea la primera o la segunda. Sin embargo, al mismo tiempo, parecería una broma de mal gusto concluir que, en un texto filosófico dedicado a la cuestión de la unidad, encontráramos una falta de unidad entre sus partes; además de ser una auténtica anomalía en la escritura platónica.

Dependiendo de qué posición tomemos al respecto, el propósito del texto cambiará enormemente. Si valoramos la primera parte, aquella sobre la teoría de las formas y sus dificultades, el fin es claramente dialéctico, es decir, dirigido a alcanzar el conocimiento metafísico (o, para los neoplatónicos, teológico). Esta teoría se ve reforzada por el antiguo subtítulo que fue concedido al diálogo: *perì ideón* (sobre las formas). Por otro lado, la dificultad que supone el discurso aporético de Parménides apunta, más bien, a un entrenamiento lógico. Si, como parece, las ocho hipótesis antes mencionadas no alcanzan ningún conocimiento o doctrina en positivo, estaríamos ante un mero ejemplo como cualquier otro de un excelente manual de lógica. Esta sería la estela seguida en la actualidad por la corriente de la filosofía analítica.

¿Pudo acaso ser escrito con una doble finalidad, tanto dialéctica como lógica? Lo cierto es que, de nuevo, la distancia histórica vuelve a jugar en nuestra contra, pues dicha distinción moderna no se encontraba en la filosofía de tiempos de Platón. Por influencia del estoicismo, el cual dividía toda la filosofía en lógica, física y ética, la dialéctica dejó de ser considerada una ciencia suprema para verse englobada dentro de la lógica, entendida más como una simple técnica discursiva que como un método metafísico. Por esta razón, cuando en el siglo III d. C. Diógenes Laercio categorice los diálogos platónicos según su tipología, no encontrará ninguna incongruencia al presentar el *Parménides* como un diálogo lógico sobre la teoría de las ideas.

¿Cuál, entre todas estas teorías, está en lo cierto? ¿Se encuentra el sentido del diálogo en la primera parte, en la segunda o en su lectura conjunta? ¿Acertaron los neoplatónicos o los analíticos? Por desgracia, tendremos que conformarnos con suposiciones, pues un gran mago nunca revela sus trucos.

5. PLATÓN DESPUÉS DE PLATÓN

5.1. *Los textos también se manchan*

Justificar la relevancia del pensamiento platónico en nuestros días puede darnos hasta cierto pudor. Debido a cómo hemos construido el canon de la filosofía occidental, parece incuestionable que el *arché*, el principio de nuestra tradición, se remonta hasta él. Por esta razón se popularizó la sentencia de Alfred N. Whitehead, filósofo y matemático de comienzos del siglo XX, en la que decía que toda la filosofía occidental se podía resumir en una serie de notas a pie de página a Platón. En cierta medida, la postura de Simone Weil al respecto tampoco distaba demasiado de su contemporáneo: para ella, existe algo como una *philosophia perennis*, una impronta eterna en el pensamiento sobre la cual únicamente podemos añadir matices, acentos y comentarios.

Dicha idea queda manifiesta cuando observamos las aventuras que han corrido sus textos hasta llegar a nuestros días. En efecto, la transmisión de la obra platónica no es algo que deba pensarse como un fenómeno moderno. Muy al contrario, la historia comienza en el mismo momento en el que sus manuscritos empiezan a copiarse. Entonces viajarían a Egipto, después a Bizancio..., así como se verían acompañados —y, a veces, eclipsados— por los comentarios de Proclo, Hermias y tantos otros. Con el paso de los siglos llegarían las traducciones renacentistas de Marsilio Ficino, un neoplatónico que, por supuesto, dejará su impronta, como toda la Academia platónica florentina. Que Platón reflexionara sobre las mayores preguntas a las que se enfrenta el ser humano implica que siempre podremos volver a él, pero también que cada época encontrará en su obra las respuestas que su tiempo crea necesitar.

Es en este punto cuando se hace palpable un rasgo bellísimo de los textos antiguos. Su naturaleza es frágil, tanto que hasta su contenido se encuentra a merced de las vicisitudes de la historia, la política o, incluso, de la popularidad que pudieran llegar a tener. A diferencia de otros diálogos, poco sabemos sobre el destino de los manuscritos concretos del *Parménides* tras el cierre de la Academia. Durante la Edad Media, en Occidente el único acceso que había al contenido de esta obra era mediante el comentario parcial neoplatónico que Proclo había hecho y que fue traducido al latín por un dominico llamado Guillermo de Moerbeke a finales del siglo XIII, por lo que la lectura teológica era indisoluble del contenido. Los manuscritos más antiguos que hoy conservamos provienen de otra tradición muy lejana, desde Oriente, en Bizancio, donde sí hubo una continuidad y conservación de los manuscritos gracias a grandes bibliotecas como la de Aretas de Cesarea.

En última instancia, este dato nos demuestra que la transmisión y recepción de la Antigüedad es un fenómeno azaroso, contingente y, en ningún caso, de un único camino. Al menos, debería inspirarnos cierta humildad y cautela a la hora de realizar afirmaciones categóricas sobre la verdad unívoca del texto clásico. ¿Estaba en lo cierto Proclo al preludiar lo que sería la teología negativa para los medievales? ¿O, en su lugar, fue más acertada la interpretación de Hegel, quien admitió basar su lógica en el *Parménides*?

La cuestión no es baladí. La recepción es ya en sí misma un concepto complejo y en disputa, no solo para los filósofos y filólogos, sino para cualquier lector que se enfrenta a un objeto —textual o no— ajeno a su tiempo histórico. Pensemos, por ejemplo, en las esculturas griegas que vemos en los museos. Evidentemente, todo el mundo sabe que no llegaron allí por arte de magia, sino a través de la mediación de unos arqueólogos, primero, y de unos conservadores de museos, después. El término en castellano resulta, para nuestro propósito, francamente más revelador que el inglés (*curator*), pese a encontrarse este más próximo a su origen latino. Su función, en efecto, es la de cuidar los objetos que allí se albergan, pero ¿cuál es el gesto propio de dicha cura? La conservación. Decía G. K. Chesterton que quien quiera conservar un poste blanco durante mucho tiempo no debe «dejar las cosas en paz, tal y como están», pues la naturaleza tiende a la corrupción. El poste blanco acabaría siendo negro. En su lugar, el gesto conservador que persigue el cuidado consistiría en pintar constantemente el poste. Sucede lo mismo cuando observamos los colores de un cuadro antes y después de ser restaurado. Asumimos, por tanto, que, para conservar en buen estado cualquier objeto antiguo, no basta con mantenerlo intacto, sino que la mediación o interacción humana se vuelve imprescindible para escapar a su desgaste o deterioro.

En consecuencia, merece la pena preguntarnos qué sucede con aquellos textos filosóficos y literarios que fueron escritos hace veinticinco siglos. ¿Valoramos más una obra cuando sus intérpretes y traductores han tomado un papel activo en su actualización y conservación? ¿O, por el contrario, guardamos aún cierto fetichismo respecto a la Antigüedad y a una supuesta «verdad originaria» de los textos? ¿Entendemos la hermenéutica, la interpretación de los textos, como algo opcional, como un mal menor o como la herramienta correcta de los conservadores?

Aunque sea de Perogrullo, merece la pena recordarlo: toda transmisión requiere de emisarios. Dicho de otro modo, hacen falta individuos mediadores que recojan un testigo para, a su vez, volverlo a entregar. En consecuencia, no es posible concebir los textos como muestras de laboratorio que van de mano en mano en una pipeta esterilizada. Por suerte, el ser humano mancilla todo lo que toca.

Traer este complejo debate sobre la verdad, el paso del tiempo y la hermenéutica tiene aquí sentido debido a las múltiples lecturas que se han hecho del *Parménides* de Platón. Así, ahora podemos contestar al interrogante que planteamos unas líneas atrás sobre cuál es la interpretación más correcta de este diálogo: las lecturas hegelianas no son más ciertas que las analíticas o las neoplatónicas; simplemente sus acentos tratan de iluminar perfiles distintos de un mismo objeto poliédrico.

5.2. *De Antifontes y Adimantos*

Cabe preguntarse, antes de dar paso al *Parménides*, cuál es la relevancia de este diálogo en la actualidad. Es innegable que se trata de un texto de una dificultad añadida, incluso en comparación con otras obras del propio Platón. ¿Por qué, entonces, continuar leyéndolo en una época que busca, cada vez más, el camino fácil y rápido? ¿Qué puede aportarnos al común de los mortales? De nuevo, serán los personajes con los que aquí hemos viajado quienes tendrán la respuesta.

Al inicio dijimos que, a su llegada a Atenas, Céfalo se encontró con Adimanto y Glaucón, los hermanos mayores de Platón, y fueron estos quienes le condujeron hasta Antifonte, el segundo narrador de la historia. Platón cuenta que, inicialmente, Antifonte titubeó ante la solicitud de Céfalo de repetir el diálogo, pues, aunque lo había aprendido de memoria mucho tiempo atrás, «era un gran esfuerzo» (127a). Y, sin embargo, la transmisión de aquella prodigiosa conversación dependió por entero del esmero del entonces joven muchacho. Adimanto y Glaucón habían tenido a su hermanastro toda la vida en Atenas para preguntarle por aquella historia y, así, aprenderla ellos también. Sin embargo, su respuesta a Céfalo es muy reveladora: Antifonte se había empeñado en perder el tiempo ejercitándose demasiado hasta memorizar algo tan complejo. Con ellos, parece, no iba el asunto. Mientras tanto, nos encontramos con unos filósofos jonios que habían estado dispuestos a cruzar todo el Egeo con tal de escuchar a aquel hombre. Incluso pasando por alto que Antifonte no hubiera conocido en persona al venerable Parménides. Su testimonio indirecto era suficiente para causarles admiración y justificar su largo viaje.

También hoy existen Antifontes y Adimantos: quienes están dispuestos a ver en el conocimiento un fin en sí mismo y quienes, por el contrario, se muestran indiferentes ante él. A lo largo de nuestra historia, el carácter de una civilización próspera se ha vinculado con la protección de los primeros frente a la presión de los segundos. Y, si bien es difícil encontrar una época que no se haya diagnosticado a sí misma en decadencia, parece que este principio nunca había sido tan cuestionado como en nuestros días. No debe extrañar, entonces, que el gran ensayista italiano Nuccio Ordine dedicara a esta cuestión una de sus obras más conocidas, *La utilidad de lo inútil*. Allí diría: «En el universo del utilitarismo, en efecto, un martillo vale más que una sinfonía, un cuchillo más que una poesía, una llave inglesa más que un cuadro: porque es fácil hacerse cargo de la eficacia de un utensilio mientras que resulta cada vez más difícil entender para qué pueden servir la música, la literatura o el arte».

Pese a ello, todavía hay algo de irremplazable en el cultivo del saber en sí mismo. El tiempo que requiere el esfuerzo intelectual es valioso porque nunca volverá y, con todo, está bien que así sea. Las obras como el *Parménides* no están dirigidas únicamente a seres aislados del mundo real que buscan alimentar su erudición y, por ende, su ego. Muy al contrario, será el valor que demos como sociedad a aquella «gimnasia mental» del venerable Parménides lo que determine el lugar que ocupen los Antifontes de la historia. Solo así la filosofía, como vimos que deseaba Platón en la carta VII, dejará de ser un asunto de charlatanes.

6. ORIENTACIONES BIBLIOGRÁFICAS

Para aquellos lectores interesados en profundizar en las cuestiones filosóficas que plantea el *Parménides*, algunas de las traducciones aquí empleadas, acompañadas de sus correspondientes comentarios críticos, pueden ser de gran utilidad. Además del antiguo comentario de Proclo ya mencionado, editado de un modo sobresaliente en Princeton University Press por Morrow y Dillon (1987), véase R. E. Allen, *Plato's "Parmenides"*, B. Blackwell, Oxford, 1983; F. M. Cornford, *Plato and Parmenides: Parmenides' Way of Truth and Plato's Parmenides*, Routledge, Londres, 1950; A. H. Coxon, *The Philosophy of Forms: An Analytical and Historical Commentary on Plato's Parmenides*, Van Gorcum, Assen, 1999; y A. Diès, *Platon, Le Parménide*, Les Belles Lettres, París, 1923.

En cuanto a otros estudios concretos sobre este diálogo

platónico, también pueden encontrarse grandes reflexiones en L. Brisson, A. Macé, O. Renaut (eds.), *Plato's Parmenides: selected papers of the Twelfth Symposium Platonicum*, Academia Verlag, Baden-Baden, 2022; F. Fauquier, *Le Parménide au miroir des platonismes: Logique, Ontologie, Théologie*, Les Belles Lettres, París, 2018; y C. Meinwald, *Plato's Parmenides*, Oxford University Press, Nueva York, 1991. En esta línea, merecería la pena destacar también dos obras recientes que añaden una perspectiva novedosa al estudio: L. Lampert, *How Socrates Became Socrates: A Study of Plato's* Phaedo, Parmenides, *and* Symposium, The University of Chicago Press, Chicago, 2021; y A. Priou, *Becoming Socrates: Political Philosophy in Plato's Parmenides*, University of Rochester Press, Rochester, 2018.

Por otro lado, sobre la cuestión de la transmisión textual y la historia vivida por los manuscritos de Platón, son especialmente ilustrativos los trabajos de R. Klibansky, tanto, en términos generales, *The Continuity of the Platonic Tradition during the Middle Ages*, The Warburg Institute, Londres, 1939. como, en particular, *Plato's Parmenides in the Middle Ages and the Renaissance: A Chapter in the History of Platonic Studies*, Franklin Classics, 2018.

Por último, para una visión más general tanto de la teoría de las ideas platónicas como de la propia figura histórica de Platón, véase D. Ross, *Teoría de las ideas de Platón*, Cátedra, Madrid, 1986; R. Waterfield, *Platón de Atenas*, Rosamerón, 2024 y A. Swift Riginos, *Platónica. The Anecdotes concerning the Life and Writings of Plato*, Brill, Leiden, 1976.

MERCEDES LÓPEZ MATEO
Fundación Hardt, Vandœuvres, junio de 2024

PARMÉNIDES

CÉFALO, ADIMANTO, GLAUCÓN, ANTIFONTE, PITODORO, SÓCRATES, ZENÓN, PARMÉNIDES, ARISTÓTELES

Cuando llegamos a Atenas desde nuestra ciudad, Clazómenas [1], nos encontramos en el ágora con Adimanto y Glaucón [2]. Adimanto me dio la mano y me dijo: 126a

—¡Salud, Céfalo [3]! Si necesitas algo de aquí que podamos procurarte, pídelo.

[1] Ciudad jónica, en la península frente a la isla de Quíos. Sin necesidad de llegar al extremo de Proclo (*Com. al Parm.*, ed. COUSIN, 660, 33 ss.) —para quien la reunión en Atenas significa la conciliación socrático-platónica de las vertientes itálica y jónica—, es probable, contra lo que dice ALLEN (pág. 63), que la elección de esta ciudad como patria de Céfalo no sea accidental. Anaxágoras era natural de Clazómenas, y su discípulo Arquelao fue maestro de Sócrates. Como señala FRIEDLÄNDER (página 191), «Platón, como la naturaleza, nada hace en vano». Sobre la importancia de la figura de Anaxágoras en el desarrollo de Platón, cf. J. WAHL, *Étude sur le Parménide de Platon,* París, Vrin, 1951, página 54. Sobre el significado del lugar, tiempo, nombres y genealogías en el prólogo, cf. J. ALRIVIE, «Les prologues du *Thééthète* et du *Parménide*», *Rev. Métaph. et Mor.* 1 (1971), 6-23.

[2] Hermanos mayores de Platón, hijos de Perictíone y de Aristón. Interlocutores de Sócrates en la *República.*

[3] De este personaje sólo sabemos lo que aquí se indica: que es un distinguido y respetado ciudadano de Clazómenas, bien recibido en Ate-

—Justamente por eso —repliqué— estoy aquí, porque debo haceros un pedido.

—Dinos, entonces, qué deseas, dijo.

b —Vuestro hermanastro, por parte de madre —pregunté yo—, ¿cómo se llamaba? Pues no me acuerdo. Era un niño apenas cuando vine anteriormente aquí desde Clazómenas, y desde entonces pasó ya mucho tiempo. Su padre, creo, se llamaba Pirilampes [4].

—Así es —replicó—, y él, Antifonte [5]. Pero ¿qué es, realmente, lo que quieres saber?

—Quienes están aquí —respondí— son conciudadanos míos, cabales filósofos, y han oído decir que ese Antifonte estuvo en frecuente contacto con un tal Pitodoro [6], allega-

---

nas. No debe confundirse con el Céfalo que aparece en el libro I de la *República.* No se especifica dónde ni cuándo hace Céfalo su relato, ni a quiénes lo dirige. Puede suponerse que es en Clazómenas o en alguna otra ciudad jónica, poco después de su regreso de Atenas. La visita de Céfalo a Antifonte debe suponerse, como señala Proclo, después de la muerte de Sócrates. Cf. Taylor, pág. 352; Guthrie, pág. 35, trad. esp., pág. 46; Allen, pág. 62.

[4] Tío y segundo marido de Perictíone, madre de Platón. Sabemos, por alusiones de los poetas cómicos y por Plutarco (*Pericles* 13), que fue allegado de Pericles y que apoyó su política. Platón lo menciona, en el *Cármides* 158a, como tío materno de Cármides y dice que «ha pasado por el hombre más bello y más grande de Grecia, cada vez que iba como enviado al Gran Rey o a cualquier otro de los de Asia». Por su primer matrimonio, fue padre de Demo (cf. *Gorgias* 481d). Nada sabemos de él después de la batalla de Delión, en el 424 a. C. Cf. Taylor, página 2.

[5] Hermanastro de Platón, hijo de Perictíone y Pirilampes. No sabemos cuándo nació ni tenemos más datos de él. En este diálogo se lo presenta como un hombre ya no demasiado joven y dedicado a los caballos. Es el intermediario de la narración de la conversación, en la que no estuvo presente.

[6] Según el *Alcibíades, I* 179a, Pitodoro, hijo de Isóloco, tomó un curso con Zenón, junto con Calias, y pagó por él cien minas. Tanto

do de Zenón, y que se sabe de memoria la conversación c
que una vez mantuvieron Sócrates, Zenón y Parménides, puesto que la oyó muchas veces de labios de Pitodoro.

—Es cierto lo que dices, dijo él.

—Esa conversación —repliqué— es, justamente, lo que queremos que nos relate en detalle [7].

—No es difícil —dijo—, ya que cuando era un jovencito se empeñó en aprenderla a la perfección; ahora, en cambio, tal como su abuelo y homónimo, dedica la mayor parte del tiempo a los caballos. Pero, si es preciso, vayamos por él. Acaba de marcharse de aquí rumbo a su casa, y vive cerca, en Mélite [8].

Dicho esto, nos pusimos en camino. Hallamos a Anti- 127a
fonte en su casa, entregándole al herrero un freno para reparar. Ni bien acabó con él, sus hermanos le contaron cuál era el motivo de nuestra presencia; él me reconoció, pues me recordaba de mi anterior visita, y me dio la bienvenida. Cuando le pedimos que nos narrara la conversación, en un primer momento titubeó —porque era un gran

---

Pitodoro como Calias fueron, más tarde, comandantes a las órdenes de Pericles. Tucídides menciona a Pitodoro como reemplazante de Laques en el comando de la flota ateniense en el invierno del 426 a. C. (III 115) y señala que, más tarde, los atenienses lo exiliaron (IV 65). En 423 a. C., Calias mandaba la armada ateniense en Potidea, y tanto Sócrates como Alcibíades debieron de haber servido bajo sus órdenes. Según sugiere Friedländer (págs. 191-192), todo esto debía de estar vivo en la mente de Platón —y también, seguramente, en la de muchos atenienses— todavía en el momento en que escribió el *Parménides*.

[7] Sobre el estilo indirecto del diálogo, cf. Diès (págs. 7-8), quien lo califica de «narración en cascadas». La fórmula completa de este doble discurso indirecto reaparece en 136e. Platón usa esta técnica conscientemente, en contraste con la utilizada y enfatizada en el *Teeteto* 143b-c.

[8] Demo de la tribu Cecrópida; barrio de Atenas, al sudoeste de la ciudad.

esfuerzo, según nos dijo—, pero luego, sin embargo, acabó por hacernos una exposición completa.

Pues bien. Refirió Antifonte que Pitodoro contaba que, en una ocasión, para asistir a las Grandes Panateneas [9],
b llegaron Zenón y Parménides. «Parménides, por cierto, era entonces ya muy anciano; de cabello enteramente canoso, pero de aspecto bello y noble, podía tener unos sesenta y cinco años. Zenón rondaba entonces los cuarenta, tenía buen porte y agradable figura, y de él se decía que había sido el favorito [10] de Parménides. Ellos, dijo, se hospedaron en la casa de Pitodoro, extramuros, en el Cerámi-
c co [11]. Allí también llegó Sócrates, y con él algunos otros, unos cuantos [12], deseosos de escuchar la lectura de los es-

---

[9] Fiestas en honor a Atenea, protectora del Ática. Las Panateneas se celebraban todos los años en el mes de Targelión (mayo). Cada cuatro años, en el mes de Hecatombeon (julio), se hacían celebraciones más solemnes, las Grandes Panateneas, que duraban de seis a nueve días y congregaban a gentes venidas de toda la Hélade. Como el relato del *Timeo,* también el del *Parménides* se sitúa durante las celebraciones, seguramente para dar verosimilitud a la visita de Zenón y Parménides a Atenas.

[10] *paidiká,* que tiene en griego el sentido fuerte de «amante». Ateneo (IX 505F) reprocha a Platón haber hecho de Zenón, sin necesidad alguna, el «favorito» de Parménides, y lo considera algo falso y abominable. Diógenes Laercio (IX 25) indica que, según Apolodoro, Zenón era hijo adoptivo de Parménides. Según G. Vlastos, «Plato's testimony concerning Zeno of Elea», *Journ. Hell. Stud.* 95 (1975), 137, n. 10, esto es posiblemente el esfuerzo de un escritor posterior para darle mejor cara al sentido del todo explícito de *paidiká* en Platón. En el mismo texto de Diógenes Laercio, derivado seguramente de Platón, se dice también que Zenón llegó a ser discípulo y *paidiká* de Parménides. Cf. N. Luis Cordero, «Zenón de Elea», en *Los filósofos presocráticos,* II, Madrid, Gredos, 1979, pág. 26, textos 7 y 8.

[11] Barrio elegante, situado al norte de la ciudad. En su porción fuera de los muros se hallaba el cementerio de los muertos por la patria.

[12] *polloús.* Cornford (pág. 65, n. 3) sugiere, siguiendo a Taylor, leer ⟨*ou*⟩ *polloús* «otros pocos», basándose en 129d, 136d y 137a, e indi-

critos de Zenón, ya que por primera vez ellos los presentaban. Sócrates, por ese entonces, era aún muy joven [13]. Fue el propio Zenón quien hizo la lectura, mientras Parménides se hallaba momentáneamente afuera. 'Poquísimo faltaba para acabar la lectura de los argumentos —según dijo Pitodoro—, cuando él [14] entró, y junto con él lo hizo *d*
Parménides, y también Aristóteles, el que fue uno de los Treinta [15]. Poca cosa de la obra [16] pudieron ellos escuchar.

---

ca que no pueden haber sido más de dos, dado que en conjunto eran siete, después de la llegada de Parménides, Aristóteles y Pitodoro. Sin embargo, ningún manuscrito presenta esta lectura y no parece haber razón para la conjetura. Cf. ALLEN, pág. 301, n. 3.

[13] Sócrates nació en 469 a. C. En el momento del encuentro con los eleatas era muy joven (cf. 130e; 135d) y podemos calcular que tenía unos veinte años, dado que Aristóteles era aún más joven (137c). Este dato permite situar la conversación en el 450 a. C., año en el que se celebraron las Grandes Panateneas (cf. n. 9). De ello resulta que Parménides habría nacido alrededor del 515 a. C. y Zenón en el 490 a. C. Esta cronología no coincide con la transmitida por Diógenes Laercio, quien, seguramente, toma de Apolodoro la Olimpíada 69 (504-501 a. C.) para fijar la madurez de Parménides, con lo cual Parménides habría nacido entre 544 y 541 a. C. Es difícil decidir cuál es la fecha más aproximada y los intentos por conciliar las dos cronologías no resultan convincentes. Sobre este problema puede verse, por ejemplo, L. TARÁN, *Parmenides,* Princeton Un. Press, 1965, pág. 4. El encuentro entre Sócrates, Parménides y Zenón es, seguramente, una ficción literaria, como sostienen buena parte de los estudiosos. TAYLOR, en cambio (pág. 352), supone que fue un hecho real y, para los círculos filosóficos, un hecho memorable.

[14] Pitodoro.

[15] Puede ser el hijo de Timócrates, mencionado por TUCÍDIDES (III 105) como general ateniense en el 426 a. C. JENOFONTE se refiere a él como integrante de los Treinta, régimen oligárquico que se instauró en Atenas después de la Guerra del Peloponeso (*Helénicas* III 3, 2; II 3, 3, y 2, 46). No sabemos por qué Platón elige a este personaje, el más joven de la reunión (137c), pero no resulta verosímil la sugerencia de algunos autores, según la cual Platón quería conectar a este personaje con su homónimo de Estagira. Cf. GUTHRIE, pág. 36, trad. esp., pág.

(No fue tal el caso de Pitodoro, pues él ya había escuchado una anterior lectura de Zenón.) Sócrates escuchó hasta el fin, y pidió luego que volviera a leerse la primera hipótesis del primer argumento [17], y, una vez releída, preguntó:

e —¿Qué quieres decir con esto, Zenón? ¿Que si las

47; FRIEDLÄNDER, pág. 192 y n. El *Parménides* fue escrito por la época en que Aristóteles ingresó en la Academia, a los diecisiete años, y resulta difícil pensar que Platón pudo haberlo tenido en cuenta entonces como para hacerlo participar en un diálogo. El escrito temprano de Aristóteles *Sobre las Ideas,* que puede reconstruirse a partir del comentario de Alejandro de Afrodisia al cap. 9 del lib. I de la *Metafísica,* es, sin duda, posterior al *Parménides* (cf. D. ALLAN, «Aristotle and the *Parmenides*», en DÜRING-OWEN [eds.], *Aristotle and Plato in the mid- Fourth Century,* Göteborg, 1960, páginas. 133-134). Un punto de vista diferente y una discusión sobre la cuestión pueden hallarse en D. FRANK, *The Arguments 'From the Sciences' in Aristotle's Peri Ideon,* Nueva York, Peter Lang, 1984, págs. 9-11 y n. 13.

[16] *tà grámmata.* Es carente de significación el uso de *grámma* o *grámmata,* en singular o en plural, para referirse a la obra o los escritos de Zenón. Aquí, como unas líneas antes (127c), se usa el plural. Más adelante, sin ninguna explicación, se usa el singular (128a-b). Cf. VLASTOS, «Plató's...», pág. 136, n. 2. En págs. 137-138, reúne y ordena todas las afirmaciones que Platón hace sobre Zenón en este diálogo.

[17] *lógos.* Platón usa *lógos* en un sentido amplio, que cubre cualquier tipo de discurso argumentativo: tanto un corto argumento único, como una pieza extensa de argumentación que contiene varios argumentos. En este pasaje, *lógos* está usado en el segundo sentido, porque, de otro modo, sería redundante hablar aquí de «la primera hipótesis del primer argumento» (cf. VLASTOS, *ibid.,* pág. 137, n. 6). Zenón tomó, seguramente, el término «hipótesis» de los matemáticos. El significado de «hipótesis» no parece coincidir exactamente en todos los pasajes. Aquí se refiere a una afirmación tomada como punto de partida de un razonamiento y las consecuencias que de ella se derivan. Un poco más adelante, en cambio, parece significar sólo esa afirmación, sin las consecuencias que de ella se desprenden (128d). Cf. VLASTOS, *ibid.,* pág. 137, n. 7; ALLEN, página 69.

cosas que son son múltiples [18], las mismas cosas [19] deben ser, entonces, tanto semejantes [20] como desemejantes, pero que eso es, por cierto, imposible, porque ni los desemejantes pueden ser semejantes, ni los semejantes ser desemejantes? ¿No es esto lo que quieres decir?

—Sí, eso es, respondió Zenón.

—En consecuencia, si es imposible que los desemejantes sean semejantes y los semejantes, desemejantes, ¿es imposible también que las cosas sean múltiples? Porque, si fueran múltiples, no podrían eludir esas afecciones que son imposibles [21]. ¿Es esto lo que se proponen tus argumentos? ¿Sostener enérgicamente, contra todo lo que suele decirse, que no hay multiplicidad? ¿Y supones que cada uno de tus argumentos es prueba de esto mismo, y crees, en consecuencia, que tantas son las pruebas que ofreces de que no hay multiplicidad cuantos son los argumentos

---

[18] *ei pollà ésti tà ónta*. La primera parte reproduce una sentencia de Zenón. El *tà ónta* es seguramente una adición de Platón, para aclarar. Cf. frs. 1 y 3 de Zenón, transmitidos por Simplicio.

[19] *autá*. Coincido aquí con Allen en la traducción.

[20] *hómoia*. Contra Cornford (pág. 68), quien toma *hómoion* con el significado de «homogéneo», coincido con Allen (pág. 72), que lo entiende como «semejante» o «similar». Así está usado el término en 132d-e (cosas semejantes son las que participan de una misma forma) y 139c y 148a (cosas semejantes son las que reciben una misma afección; definición repetida por Aristóteles, *Met.* V 1018a15 ss.)

[21] Es muy posible que el argumento sea del propio Zenón, con algún aditamento de Platón, para hacerlo más comprensible. Simplicio transmite dos de sus argumentos contra la pluralidad, cuya estructura es análoga al de éste: ambos comienzan con la hipótesis «si hay multiplicidad», y ambos concluyen que, de ser así, las mismas cosas deben ser calificadas por opuestos (grandes y pequeñas, limitadas e ilimitadas). Por lo demás, Platón, en *Fedro* 216d, dice que Zenón usó «semejante» y «desemejante» en sus argumentos. Cf. F. Solmsen, «The tradition about Zeno of Elea re-examined», *Phronesis* 16 (1971), 2, especialmente págs. 117-118 y n. 9.

128a que has escrito? [22]. ¿Es esto lo que quieres decir, o no te he entendido bien?

—No, no —contestó Zenón—; te has dado perfecta cuenta de cuál es el propósito general de mi obra.

—Comprendo, Parménides —prosiguió Sócrates—, que Zenón, que está aquí con nosotros, no quiere que se lo vincule a ti sólo por esa amistad que os une, sino también por su obra [23]. Porque lo que él ha escrito es, en cierto modo, lo mismo que tú, pero, al presentarlo de otra manera, pretende hacernos creer que está diciendo algo diferente. En efecto, tú, en tu poema, dices que el todo es
b uno, y de ello ofreces bellas y buenas pruebas. Él, por su lado, dice que no hay multiplicidad, y también él ofrece pruebas numerosísimas y colosales [24]. Uno, entonces, afirma la unidad [25], mientras que el otro niega la multiplici-

---

[22] El argumento de Zenón no es, estrictamente, una demostración por el absurdo, como la que se usa en geometría, sino una demostración dialéctica, que se sirve sólo del principio de contradicción, y no, como la demostración por el absurdo, de otros principios, los postulados, que se presuponen como punto de partida. En la demostración dialéctica, la consecuencia de la hipótesis que se quiere demostrar resulta imposible porque se contradice a sí misma, y, en consecuencia, refutarla no depende de la admisión de un presupuesto externo a la discusión. Así, la dialéctica de Zenón es un procedimiento lógico de tipo autónomo, diferente del de las matemáticas. Cf. E. Berti, «Struttura e significato del *Parmenide* di Platone», en *Studi aristotelici,* L'Aquila, 1975, págs. 301-302.

[23] *sýngramma.* Se trata de la obra de Zenón, y no de la de Parménides, para referirse a la cual Platón usa en este mismo párrafo el término «poema».

[24] Hay aquí un juego de palabras irónico: Zenón, quien precisamente niega *tà pollá,* ofrece de ello pruebas *pámpolla* y *panmegéthē.*

[25] *hén:* uno, unidad. La unidad es uno de los «signos» que aparecen, en Parménides, en el camino de lo que es (fr. 8, vv. 5 y 6); no es el único ni el fundamental. Platón le atribuye erróneamente prioridad sobre los otros. El tema de Parménides no es lo uno sino el *eón* (cf. Solmsen, «The tradition...», págs. 371-372; J. Barnes, «Parmenides and the Elea-

dad, y, así, uno y otro se expresan de modo tal que parece que no estuvieran diciendo nada idéntico, cuando en realidad dicen prácticamente lo mismo; da, pues, la impresión de que lo que vosotros decís tiene un significado que a nosotros, profanos, se nos escapa.

—Sí, Sócrates, replicó Zenón. Pero tú, entonces, no
has acabado de comprender cuál es la verdad a propósito
de mi escrito. Sin embargo, tal como las perras de Laco- *c*
nia [26], muy bien vas persiguiendo y rastreando los argu-
mentos. Hay, ante todo, algo que se te escapa: que mi
obra, por nada del mundo tiene la pretensión de haber
sido escrita con el propósito que tú le atribuyes, la de sus-
traerse a los hombres como si fuera grandiosa. Lo que tú
señalaste es algo accesorio, pero, a decir verdad, esta obra
constituye una defensa del argumento de Parménides, con-
tra quienes intentan ridiculizarlo, diciendo que, si lo uno *d*
es [27], las consecuencias que de ello se siguen son muchas,
ridículas y contradictorias con el argumento mismo. Mi
libro, en efecto, refuta a quienes afirman la multiplicidad,
y les devuelve los mismos ataques, y aún más, queriendo

---

tic One», *Arch. Gesch. Philos.* 61 [1979], 3). A pesar de ello, no puede decirse que Platón esté malinterpretando totalmente a Parménides (cf. Vlastos, «*Plato's...*», págs. 145-146). Por lo demás, Platón atribuye a Parménides haber afirmado que «el todo es uno» y debemos atenernos a ello para la interpretación del *Parménides* (cf. Berti, «Struttura e significato...», pág. 300).

[26] Expresión proverbial. Las perras de Laconia eran famosas por su astucia y velocidad.

[27] *ei hèn ésti.* Platón reemplaza por esta frase la usada antes, «el todo es uno» (128a-b). Toma ambas expresiones como idénticas, y, de hecho, lo son: si sólo hay uno, todo cuanto haya —es decir «el todo»— debe ser uno. Esta fórmula atribuida por Platón a Parménides está en Meliso, frs. 5 y 6 (cf. F. Olivieri, «Meliso», en *Los filósofos presocráticos,* II, ant. cit., págs. 98-100, textos 167-173).

poner al descubierto que, de su propia hipótesis [28] —"si hay multiplicidad"—, si se la considera suficientemente, se siguen consecuencias todavía más ridículas que de la hipótesis sobre lo uno. Por cierto, fue con ese afán polémico
con el que la escribí cuando era joven, pero, como, una
e vez escrita, alguien la robó [29], no se me dio la oportuni-
dad de decidir si debía salir a la luz o no. En esto, pues, te equivocas, Sócrates, porque te figuras que la obra fue escrita, no con el afán polémico de un joven, sino con el afán de fama de un hombre maduro. Por lo demás, tal como dije, no la caracterizaste mal.

—Muy bien —repuso Sócrates—; lo concedo, y creo
que la cuestión es tal como dices. Pero respóndeme ahora
129a lo siguiente: ¿no crees que hay una Forma [30] en sí y por
sí de semejanza, y, a su vez, otra contraria a ésta, lo que es lo desemejante [31]? ¿Y de ellas, que son dos, tomamos parte [32] tanto yo como tú y las demás cosas a las que lla-

---

[28] Ver *supra,* n. 17.

[29] Se trata de una invención de Platón, tal como en general se acepta (cf. Cornford, pág. 67, n. 1; Friedländer, pág. 193 y n. 11).

[30] *eîdos.* Traduzco este término por «Forma», que es más preciso que «Idea».

[31] *ho éstin anómoion.* La expresión *ho éstin* indica *lo que es* en realidad algo, la «esencia», lo que responde al *tí estin,* al qué es, que es la pregunta socrática inicial; es lo que se expresa en la definición. Hemos preferido traducir lo más literalmente posible la expresión, para evitar términos que, como «esencia», tienen otras connotaciones. Sobre la sintaxis de esta expresión, cf. Ch. Kahn, «Some Philosophical Uses of 'To be' in Plato», *Phronesis* 26 (1981), 2, págs. 127-129.

[32] El verbo que traducimos por «tomar parte», es *metalambánein,* para distinguirlo de *metéchein* «participar». En muchos pasajes estos verbos tienen el mismo significado; no así en otros, como en 155e-156a. Cornford (pág. 68, n. 1) observa que *metalambánein* «significa *comenzar* a participar cuando la cosa *se vuelve* semejante, mientras que *metéchein* significa *tener* una participación y corresponde a *ser* semejante». En nin-

mamos múltiples? ¿Y las cosas que toman parte de la semejanza son semejantes por el hecho de tomar parte y en la medida misma en que toman parte, mientras que las que toman parte de la desemejanza son desemejantes, y las que toman parte de ambas son tanto semejantes como desemejantes? Y si todas las cosas toman parte de estas dos, que son contrarias, y es posible que, por participar [33]
de ambas, las mismas cosas sean tanto semejantes como desemejantes a sí mismas, ¿qué tiene ello de sorprendente? *b*
Si, en efecto, alguien pudiera mostrar que las cosas que son en sí mismas semejantes [34] se tornan desemejantes, o

---

guno de los dos verbos está encerrada la noción de «parte», a la que se debe recurrir en castellano. En *metalambánein* el acento está en el *tomar* algo, mientras que en el *metéchein* lo está en el *tener* algo de algo.

[33] *metéchein.* Ver n. ant.

[34] *autà tà hómoia.* Mucho se ha discutido a propósito de esta expresión, que múltiples autores acercan o identifican con el *autà tà ísa* «los iguales mismos» de *Fedón* 74c. La referencia no es ni a la Forma de semejanza ni a cosas que son sólo semejantes y no poseen desemejanza alguna, sino a las *propiedades mismas* no distinguidas de las cosas que las poseen, tal como las tomaba Zenón en su paradoja. Sócrates, precisamente, puede resolver la paradoja distinguiendo entre cosas, propiedades que las cosas tienen, y Formas de las cuales participan. Entre los autores que sostienen que *autà tà hómoia* es referencia a la Forma misma de semejanza están A. Wedberg, *Plato's Philosophy of Mathematics,* Estocolmo, Almquist & Wicksell, 1955, págs. 98-99, y K. Mills, «Plato's *Phaedo* 74b7-c6», *Phronesis* 3 (1958), 1, págs. 40-42. Por su parte, R. Bluck, «Forms as Standarts», *Phronesis* 2 (1957), 2, págs. 117-119, y Allen, pág. 303, n. 49, sostienen que se designan cosas que son perfectamente semejantes, es decir que son sólo semejantes y no desemejantes y puede incluir tanto las Formas como los caracteres inmanentes en las cosas. A su vez, B. Calvert, «A Note on Plato's *Parmenides*», *Mnemosyne* 35 (1981), 1-2, págs. 51-59, sostiene una tesis poco convincente: *autà tà hómoia* designa cosas que participan sólo de la semejanza y no de la desemejanza; no son particulares sensibles ni Formas, sino sólo cosas que son semejantes, y Platón no dice nada más de ellas.

las desemejantes semejantes, sería —creo yo— un portento. Pero si se muestra que las cosas que participan de ambas, tanto de la semejanza como de la desemejanza, reciben ambas afecciones, eso, Zenón —al menos según yo creo—, no parece absurdo, así como tampoco si se muestra que el conjunto de todas las cosas es uno, por participar de lo uno, y que precisamente esas mismas cosas son, a su vez, múltiples, por participar de la multiplicidad. Pero si pudiera mostrarse que lo que es lo uno, precisamente eso mismo es múltiple, y que, a su vez, lo múltiple es efectivamente uno, ¡eso sí que ya me resultaría sorprendente!
c E, igualmente, respecto de todo lo demás: si pudiese mostrarse que los géneros en sí o las Formas [35] reciben en sí mismos estas afecciones contrarias, eso sería algo bien sorprendente; pero si alguien demostrara que yo soy uno y múltiple, ¿por qué habría de sorprendernos?: bien podría decir, cuando pretendiese mostrar que soy múltiple, que unas son las partes derechas de mi cuerpo y otras las izquierdas, unas las anteriores y otras las posteriores, e, igualmente, unas las superiores y otras las inferiores (yo creo, por cierto, que participo de la multiplicidad); y cuando pretendiese mostrar que soy uno, podría decir que, del grupo de nosotros siete, yo soy un único hombre, porque partici-
d po también de lo uno. De ese modo, ambas afirmaciones se muestran verdaderas. Por lo tanto, si alguien se empeña en mostrar, a propósito de cosas tales como piedras, leños [36], etc., que las mismas cosas son múltiples y unas, diremos que lo que él ha demostrado es que esas cosas son múltiples y unas, no que lo uno es múltiple ni que los múltiples son uno, y que no está afirmando nada que

[35] *génos* y *eîdos* son tomados como sinónimos, como en muchos pasajes del *Sofista* y del *Político*.

[36] Cf. *Fedón* 74a-b.

pueda sorprendernos, sino algo que todos estaríamos dispuestos a aceptar. Pero si alguien, a propósito de las cosas de las que estaba yo hablando ahora, primero distinguiera
y separara las Formas en sí y por sí, tales como semejanza, *e*
desemejanza, multiplicidad, lo uno, reposo, movimiento y todas las de este tipo, y mostrase a continuación que ellas admiten en sí mismas mezclarse y discernirse, ¡tal cosa sí que me admiraría —dijo— y me colmaría de asombro, Zenón! De esta cuestión, yo creo que te has ocupado con enorme celo; pero, sin embargo, mucho más me admiraría, tal como te digo, si alguien pudiera exhibir esta misma dificultad entretejida de mil modos en las Formas mismas,
y, así como lo habéis hecho en el caso de las cosas vi- 130*a*
sibles, pudiera mostrarla en las que se aprehenden por el razonamiento [37].

»'Mientras Sócrates estaba diciendo todo esto —prosiguió Pitodoro—, él a cada momento se figuraba que Parménides y Zenón iban a enfadarse, pero ellos lo escuchaban con toda atención y, cambiando entre ellos frecuentes miradas, sonreían, como si estuvieran encantados con Sócrates. Y fue eso lo que expresó Parménides cuando Sócrates acabó:

—Sócrates —dijo—, ¡tú si que eres admirable por el
ardor que pones en la argumentación! Pero respóndeme *b*
ahora lo siguiente: ¿tú mismo haces la distinción que dices, separando, por un lado, ciertas Formas en sí, y po-

---

[37] Adviértase que Sócrates insiste en que quedaría maravillado y admirado si se pudiera mostrar que las Formas se combinan entre sí, y que en ningún momento lo considera imposible. Este pasaje deja abierto el camino para la innovación que aparece en el *Sofista* a propósito de la combinación de las Formas. (Una opinión diferente a ésta la hallamos en S. Panagiotou, «The *Parmenides* and the 'communion of kinds' in the *Sophist*», *Hermes* 109 [1981], 170.)

niendo separadas, a su vez, las cosas que participan de ellas? ¿Y te parece que hay algo que es la semejanza en sí, separada de aquella semejanza que nosotros tenemos, y, asimismo, respecto de lo uno y los múltiples, y de todas las cosas de las que hace un poco oíste hablar a Zenón? [38].

—Así me lo parece, repuso Sócrates.

—¿Y acaso, también —siguió Parménides—, cosas tales como una Forma en sí y por sí de justo, de bello, de bueno y de todas las cosas de este tipo? [39].

—Sí, respondió.

c —¿Y qué? ¿Una Forma de hombre, separada de nosotros y de todos cuantos son como nosotros, una Forma en sí de hombre, o de fuego, o de agua?

—Por cierto —contestó—, a propósito de ellas, Parménides, muchas veces me he visto en la dificultad de decidir si ha de decirse lo mismo que sobre las anteriores, o bien algo diferente [40].

---

[38] Insistencia en la noción de separación, *chōrís:* las Formas están separadas de las cosas; las cosas que participan de las Formas están separadas de las Formas; las propiedades que las cosas poseen están separadas de las Formas. Es éste un grave problema que enfrenta la teoría de las Formas, en la versión que Parménides le hace aceptar a Sócrates. Para la diferencia entre la Forma y la semejanza que está en nosotros, cf. el pasaje paralelo, a propósito de la «grandeza», en *Fedón* 102d-103d, y MILLS, «Plato's *Phaedo...*», pág. 140; CORNFORD, pág. 78, n. 2, y página 81. La distinción entre los tres planos (Formas, propiedades, cosas) está bien expuesta en N. FUJISAWA, «*Ekhein, Methékhein,* and Idioms of 'Paradeigmatism' in Plato's Theory of Forms», *Phronesis* 19 (1974), 1, págs. 30-48, y en ALLEN, págs. 103-104.

[39] Son el tipo de Formas tratadas en *Fedón* y *República,* es decir, «matemáticas» y «morales».

[40] La duda proviene, seguramente, del hecho de que, si se conciben las Formas como modelos de perfección, como instancias perfectas, resulta difícil aceptar que haya Formas de cosas que, esencialmente, están sujetas a cambio. Por lo demás, es también más difícil admitir Formas

—Y en lo que concierne a estas cosas que podrían parecer ridículas, tales como pelo, barro y basura, y cualquier otra de lo más despreciable y sin ninguna importancia, ¿también dudas si debe admitirse, de cada una de *d* ellas, una Forma separada y que sea diferente de esas cosas que están ahí, al alcance de la mano? ¿O no?

—¡De ningún modo!, repuso Sócrates. Estas cosas que vemos, sin duda también son. Pero figurarse que hay de ellas una Forma sería en extremo absurdo [41]. Ya alguna vez me atormentó la cuestión de decidir si lo que se da en un caso no debe darse también en todos los casos. Pero luego, al detenerme en este punto, lo abandoné rápidamente, por temor a perderme, cayendo en una necedad sin fondo. Así pues, he vuelto a esas cosas de las que estábamos diciendo que poseen Formas, y es a ellas a las que consagro habitualmente mis esfuerzos.

—Claro que aún eres joven, Sócrates —dijo Par- *e* ménides—, y todavía no te ha atrapado la filosofía, tal como lo hará más adelante, según creo yo, cuando ya no desprecies ninguna de estas cosas [42]. Ahora, en razón de

---

de sustancias. Este tipo de Formas no parece admitido en los diálogos medios, pero sí en *Filebo* 15a, *Timeo* 30a y 51b, y *Carta VII* 342d. En este último pasaje, la extensión del mundo eidético es casi irrestricta.

[41] Si la Forma es perfección absoluta, parece absurdo suponer Formas de cosas que son absolutamente imperfectas y despreciables. Una basura admirablemente perfecta parece una contradicción en los términos. (Cf. T. Bestor, «Plato's Semantics and Plato's *Parmenides*», *Phronesis* 25 [1980], 1, pág. 50.)

[42] El problema de la extensión del mundo eidético queda sin resolver, pero esta expresión parece contraria a toda limitación, como señala Diès en nota al pasaje. La cuestión, sin duda, era discutida entre los académicos, como resulta claro del *Sobre las Ideas* de Aristóteles. Cf. D. Ross, *La teoría platónica de las Ideas*, trad. cast., Madrid, Cátedra, 1986, capítulo 11.

tu juventud, aún prestas demasiada atención a las opiniones de los hombres. Pero, dime ahora lo siguiente: ¿te parece, tal como afirmas, que hay ciertas Formas, y que estas otras cosas de nuestro ámbito, por tomar parte de ellas,
131a reciben sus nombres [43], como, por ejemplo, por tomar parte de la semejanza se tornan semejantes, del grandor, grandes, y de la belleza y de la justicia, bellas y justas?

—Sí, por cierto, respondió Sócrates.

—Y entonces, cada una de las cosas que participa, ¿participa de la Forma toda entera o bien de una parte? ¿O acaso podría darse algún otro modo de participación que no fuera uno de éstos?

—¿Y cómo podría darse?, preguntó a su vez.

—¿Te parece, entonces, que la Forma toda entera está en cada una de las múltiples cosas, siendo una? ¿O cómo?

—¿Y qué le impide, Parménides, ser una?, replicó Sócrates.

b —Entonces, al ser una y la misma, estará simultáneamente en cosas múltiples y que son separadas y, de ese modo, estará separada de sí misma [44].

—No, por cierto —dijo—, si ocurre con ella como con el día [45], que, siendo uno y el mismo, está simultánea-

---

[43] *epōnymías*. Esta noción de eponimia supone una derivación nominal como resultado de la dependencia ontológica de la cosa nombrada respecto de la Forma de la cual participa. Cf. *Fedón* 102a-b y 103b. Sobre este aspecto, cf. Bestor, «Plato's Semantics...», págs. 39-51, y «Common Properties and Eponymy in Plato», *The Philos. Quart.* 28 (1978), 112, págs. 189-207.

[44] La relación de participación se entiende aquí como la presencia de la Forma *en* la cosa. Según Fujisawa, «*Ekhein...*», pág. 34, la dificultad surge aquí por la confusión entre el tener una propiedad y el participar de la Forma. El mismo razonamiento y la misma fórmula está en Aristóteles, *Met.* 1039a33-b2.

[45] *hēméra:* día, como período de tiempo. Es ése el significado propio de la palabra, y no el de luz del día, como entienden varios autores,

mente por doquier, y no está, empero, separado de sí mismo; de ese modo, cada una de las Formas, como una unidad, sería también simultáneamente la misma en todas las cosas.

—Te las ingenias, Sócrates —dijo—, para poner una misma unidad simultáneamente por doquier, tal como si, cubriendo con un velo a múltiples hombres, dijeras que él es uno y que en su totalidad está sobre muchos. ¿O acaso no es algo así lo que quieres decir? [46].

—Quizás, respondió. *c*

—El velo, entonces, ¿estaría todo entero sobre cada cosa o bien una parte de él sobre una cosa y otra parte sobre otra?

—Una parte.

—En consecuencia, Sócrates —dijo—, las Formas en sí mismas son divisibles en partes [47], y las cosas que de ellas participan participarán de una parte, y en cada cosa ya no estará el todo, sino una parte de él en cada una.

—Así parece, al menos.

—Entonces, Sócrates, ¿acaso estarás dispuesto a afirmar que la Forma que es una, en verdad se nos vuelve divisible en partes, y que, sin embargo, sigue siendo una? [48].

---

entre ellos ALLEN (págs. 116-117). Cf. BESTOR, «Plato's Semantics...», pág. 51; GUTHRIE, pág. 41, n. 1, trad. esp., pág. 52, n. 18; J. FIELDER, «Plotinus Reply to the Arguments of *Parmenides* 130a-131d», *Apeiron* XII (1978), 2, pág. 2.

[46] La imagen del día empleada por Sócrates es sustituida por la del velo, que convierte a la participación en la presencia de una cosa en otras cosas, en un sentido material. La cuestión de si la Forma puede ser parcelada en sus instancias o existe en cada una como un todo es planteada nuevamente en *Filebo* 15b. Cf. I. CROMBIE, *Análisis de las doctrinas de Platón,* trad. esp., Madrid, 1980, vol. II, págs. 327-328.

[47] Traduzco *meristá* por «divisibles en partes», para conservar en castellano la noción de «parte», que es fundamental en el término griego.

[48] «Parte» y «todo» se toman en sentido corriente y material, y es eso lo que genera las dificultades que se señalan a continuación a propó-

—De ningún modo, respondió.

—Observa, entonces, prosiguió. Si divides en partes
d la grandeza en sí, cada una de las múltiples cosas grandes será grande en virtud de una parte de la grandeza más pequeña que la grandeza en sí. ¿Acaso tal cosa no se presenta como un absurdo?

—Por completo, respondió.

—¿Y qué? Si cada cosa recibe una pequeña parte de lo igual, ¿será posible que el que la recibe, en virtud de esa pequeña parte, que es más pequeña que lo igual en sí, sea igual a alguna otra cosa?

—Imposible.

—O bien, si alguno de nosotros posee una parte de lo pequeño, ¿lo pequeño será más grande que esa parte suya, puesto que ésta es parte de él? Así, efectivamente, lo pequeño en sí será más grande; y, por el contrario, aquello a lo que se le añada lo que se le ha sustraído será más
e pequeño y no más grande que antes [49].

—Pero tal cosa no podría suceder, dijo.

—¿De qué modo, entonces —prosiguió—, crees tú, Sócrates, que las demás cosas participarán de las Formas, dado que no pueden participar ni de una parte ni del todo?

—¡Por Zeus!, exclamó. No me parece que sea nada fácil resolver semejante cuestión.

—¿Y qué, pues? ¿Qué puedes decir sobre este punto?

—¿Cuál?

132*a* —Pienso que tú crees que cada Forma es una por una razón como ésta: cuando muchas cosas te parecen grandes, te parece tal vez, al mirarlas a todas, que hay un cier-

---

sito de la grandeza y de la pequeñez, que se conciben como cosas pequeñas o grandes.

[49] Sigo aquí la puntuación propuesta por Cornford.

to carácter [50] que es uno y el mismo en todas [51]; y es eso lo que te lleva a considerar que lo grande es uno.

—Dices verdad, afirmó.

—¿Y qué ocurre con lo grande en sí y todas las cosas grandes? Si con tu alma las miras a todas del mismo modo [52], ¿no aparecerá, a su vez, un nuevo grande, en virtud del cual todos ellos necesariamente aparecen grandes?

—Tal parece.

—En consecuencia, aparecerá otra Forma de grandeza, surgida junto a la grandeza en sí y a las cosas que participan de ella. Y sobre todos éstos, a su vez, otra Forma, *b* en virtud de la cual todos ellos serán grandes. Y así, cada una de las Formas ya no será una unidad, sino pluralidad ilimitada [53].

---

[50] *idéa.* Traduzco por «carácter», distinguiéndolo de *eîdos* «Forma».

[51] *epì pánta* tiene una posición ambigua, seguramente buscada por Platón mismo; es por ello por lo que lo tomo tanto como el participio *idónti* como con el infinitivo *eînai.*

[52] *hosaútōs,* es decir, considerándolas a todas, tanto a la Forma como a las múltiples cosas, como un conjunto homogéneo.

[53] Este argumento regresivo conocido como «el tercer hombre» aparece cuatro veces en PLATÓN: *República* 597c; *Parménides,* 131e-132b y 132c-133a; *Timeo* 31a. En ninguno de estos casos Platón utiliza la Idea de hombre, como sí lo hace ARISTÓTELES (cf. *Met.* 990b, 991a, 1032a, 1059b, 1079a; desarrollo de diferentes Formas en *Sobre las Ideas*). Hay sobre este argumento una enorme cantidad de bibliografía, en la que se ofrecen variadas interpretaciones, que no puedo acá discutir. Debe mencionarse el trabajo de G. VLASTOS, «The Third Man Argument in *Parmenides*», en R. E. ALLEN (ED.), *Studies in Plato's Metaphysics,* Londres, Routledge & Kegan Paul, 1965, reimpr. 1968, págs. 231-263, ya que a partir de él —fue escrito en 1954— casi todas las interpretaciones recurren, para confirmarlos o rechazarlos, a los dos supuestos que Vlastos halla implícitos en el argumento: la autopredicación de las Formas y la no identidad entre el carácter que una cosa tiene y la Forma en virtud de la cual aprehendemos ese carácter. La contradicción entre estos dos supuestos es la que da lugar al regreso al infinito. El trabajo más

—Pero, Parménides —replicó Sócrates—, no será así si cada una de las Formas es un pensamiento [54], y no puede darse en otro sitio más que en las almas; porque, en ese caso, cada Forma sería, en efecto, una unidad, y ya no podría sucederle lo que ahora mismo estábamos diciendo.

—¿Y qué pasa entonces?, preguntó. ¿Cada pensamiento es uno, pero es un pensamiento de nada?

—Eso es imposible, contestó.

—¿Lo es, pues, de algo?

—Sí.

c —¿De algo que es o que no es?

—De algo que es.

—¿Y de algo que es uno, que aquel pensamiento piensa presente en todas las cosas, como un cierto carácter que es uno?

—Sí.

---

reciente que conozco, en la larga lista desde el de Vlastos en adelante, es el de R. Sharvy, «Plato's Causal Logic and the Third Man Argument», *Nous* XX (1986), 4, págs. 507-530, que acentúa el papel causal de las Formas y a él subordina el principio de autopredicación, y enfatiza el principio de «unicidad», es decir, que debe haber exactamente una Forma gracias a la cual, por ejemplo, las cosas grandes sean grandes. Una recopilación de los textos con traducción y bibliografía puede hallarse en F. Olivieri, *El argumento del tercer hombre,* Buenos Aires, Biblos, 1979.

[54] *nóēma.* La palabra, como «pensamiento», es ambigua, porque puede designar tanto «algo pensado», es decir, el objeto aprehendido por el pensamiento, como el proceso de pensamiento que lo aprehende. Sócrates lo toma en el primer sentido, mientras que Parménides lo hace en el segundo. En este pasaje parece claro que Platón introduce un rasgo importante de la teoría de las Formas, a saber, que las almas son un factor esencial en la relación entre Formas y particulares. Cf. A. Peck, «Plato's *Parmenides:* some suggestions for its interpretation», *Class. Quart.,* N. S., 4 (1954), 36.

—Y, luego, ¿no será una Forma esto que se piensa que es uno, y que es siempre el mismo en todas las cosas?

—Esto también parece necesario.

—¿Y qué, entonces?, siguió Parménides; ¿no es acaso por afirmar que las demás cosas necesariamente participan de las Formas que te parece necesario, o bien que cada cosa esté hecha de pensamientos y que todas piensen, o bien que, siendo todas pensamientos, estén privadas de pensar? [55].

—Pero esto —respondió— tampoco es razonable, Parménides, sino que mucho más juicioso me parece lo si- *d*
guiente: estas Formas, a la manera de modelos [56], permanecen en la naturaleza [57]; las demás cosas se les parecen y son sus semejanzas, y la participación misma que ellas tienen de las Formas no consiste, sino en estar hechas a imagen de las Formas [58].

[55] *anóēta.* Tomo el término en sentido activo, es decir, como «no piensan». Podría tomarse también en sentido pasivo, como prefiere Allen, «no son pensadas». El argumento es falaz, como bien lo muestra Peck, «Plato's *Parmenides...*», *Class. Quart.* 3 (1953), 137: aceptando que las cosas tengan la propiedad que tienen por participar de la Forma, podemos decir que una cosa es grande por participar de lo grande; la relación se traslada incorrectamente y se afirma que, si la Forma es pensamiento, lo que participa de ella tiene esa propiedad. La falacia está en que «grande» y «pensamiento» no son equiparables.

[56] *parádeigma.*

[57] El permanecer (*hestánai*) significa un mantenerse en reposo y no «fijas», como quiere Cornford. El concepto de reposo, es más amplio que el de locación espacial estable, contrastada con el movimiento físico. Cf. R. Hathaway, «The Second 'Third Man'», en J. Moravcsik (ed.), *Patterns in Plato's Thought,* Dordrecht, Reidel, 1973, pág. 97, n. 10. Seguramente «en la naturaleza» significa «en la realidad», para contrastarlo con la presencia de la Forma en el alma del pasaje anterior.

[58] Para tratar de mantener la diversidad de términos usados en griego, traduzco *eoikénai* por «parecerse», *homoíōma* por «semejanza» y *eikasthénai* por «estar hecho a imagen de».

—Si, pues —continuó—, algo se parece a la Forma, ¿es posible que esa Forma no sea semejante a aquello que está hecho a su imagen, en la medida en que se le asemeja? ¿O hay algún medio por el cual lo semejante no sea semejante a su semejante? [59].

—No lo hay.

—Y lo semejante y su semejante, ¿acaso no es de
e gran necesidad que participen de una y la misma Forma?

—Es necesario.

—Y aquello por participación de lo cual las cosas semejantes son semejantes, ¿no será la Forma misma?

—Sí, efectivamente.

—En consecuencia, no es posible que algo sea semejante a la Forma ni que la Forma sea semejante a otra cosa; porque, en tal caso, junto a la Forma aparecerá siempre otra Forma, y si aquélla fuese semejante a algo,
133a aparecerá a su vez otra Forma, y jamás dejará de surgir otra Forma siempre nueva, si la Forma se vuelve semejante a lo que de ella participa [60].

---

[59] La relación de semejanza entre modelo y copia se toma como si fuera simétrica. Por lo demás, una cosa perceptible no puede ser literalmente semejante a un modelo inteligible; una cosa «imita» o «se asemeja» a la forma en el sentido en que está caracterizada o definida por ella.

[60] Este argumento regresivo es la segunda versión del «tercer hombre». A más de hacer de la semejanza una relación recíproca, el regreso se produce también al hacerse un desplazamiento del significado de *parádeigma* o «modelo»: Sócrates lo toma correctamente como «modelo», como «estructura», mientras que Parménides lo toma como «ejemplar perfecto». Cf. W. Prior, «The Concept of *parádeigma* in Plato's Theory of Forms», *Apeiron* XVII (1983), 1, pág. 37. Sobre este argumento, además del trabajo de Hathaway («The Second 'Third Man'», en Moravcsik [ed.], *Patterns...*), ver K. Rankin, «The Duplicity of Plato's Third Man», *Mind* LXXVIII (1969), 179-197, y E. Lee, «The Second 'Third Man': an Interpretation», en Moravcsik, *op. cit.*, págs. 102-122.

—Es del todo cierto.

—Por lo tanto, no es por semejanza por lo que las otras cosas toman parte de las Formas, sino que es preciso buscar otro modo por el que tomen parte de ellas.

—Así parece.

—¿Ves, pues, Sócrates —dijo—, cuán grande es la dificultad que surge si se caracteriza a las Formas como siendo en sí y por sí?

—Enorme dificultad.

—Pero fíjate bien —dijo— que, por así decirlo, aún no te has dado cuenta de la magnitud de la dificultad, *b*
si supones y distingues siempre sendas Formas para cada una de las cosas que son.

—¿Cómo es eso?, preguntó.

—Hay muchas otras dificultades —dijo—, pero la mayor es ésta. Si alguien dijera que a las Formas, si es que ellas son tal como decimos que deben ser, no les corresponde el ser conocidas, a quien tal dijera no podría mostrársele que se equivoca, a menos que quien le discute tuviera mucha experiencia, fuera naturalmente dotado y estuviese dispuesto a seguir una detallada y laboriosa demostración que viene de lejos; pero, de otro modo, quien *c*
las obliga a ser incognoscibles no podría ser persuadido [61].

—¿Y por qué, Parménides?, preguntó Sócrates.

—Porque creo, Sócrates, que tanto tú como cualquier otro que sostenga que de cada cosa hay cierta realidad [62] que es en sí y por sí, estaría dispuesto a acordar, ante todo, que ninguna de ellas está en nosotros.

---

[61] Pasaje difícil y discutido. Conservo la lectura de Burnet que, como indica Cornford (pág. 95, n. 1), se confirma por la referencia a esta afirmación en 135a.

[62] *ousía*. Prefiero traducir por «realidad», y no por «existencia» como Diès, o por «esencia» como Moreau.

—No, puesto que ¿cómo podría, en ese caso, seguir siendo en sí y por sí misma?, dijo Sócrates [63].

—Bien dicho, repuso.

—En consecuencia, aquellos caracteres que son lo que son unos respecto de otros tienen su ser en relación consigo mismos y no en relación con los que están en nosotros —se los considere a éstos como semejanzas o como fuere—,
d de los cuales recibimos, en cada caso, sus nombres, en tanto que participamos de ellos. Pero los que se dan en nosotros, aunque sean homónimos [64] de aquellos otros, son lo que son, a su vez, por su relación recíproca y no con respecto a las Formas, y es de sí mismos y no de aquellos que reciben sus nombres.

—¿Cómo dices?

—Por ejemplo —respondió Parménides—, si uno de nosotros es señor de otro o bien su siervo, por cierto, quien es siervo no lo es del señor en sí, de lo que es el señor,
e así como quien es señor no es señor del siervo en sí, de lo que es el siervo [65], sino que, dado que es un hombre, será señor o siervo de un hombre. El señorío en sí, de su lado, es lo que es de la servidumbre en sí, y, de igual modo, la servidumbre en sí es servidumbre del señorío en sí. Las cosas que se dan entre nosotros no tienen su poder respecto de aquéllas, ni aquéllas respecto de nosotros, sino, tal como digo, aquéllas son de sí mismas y relativas
134*a* a sí mismas, y las que se dan entre nosotros son, de

---

[63] El punto de partida de este argumento, que lleva a la consecuencia de la total incognoscibilidad de las formas está en tomar formas y cosas como pertenencientes a planos totalmente separados, sin relación entre sí.

[64] Entre las propiedades que se dan en las cosas y las Formas correspondientes sólo hay una coincidencia nominal, una homonimia, y no una relación de derivación o dependencia, una eponimia.

[65] Para esta construcción, ver n. 31.

igual modo, relativas a sí mismas. ¿O no comprendes lo que digo? [66].

—Perfectamente lo comprendo, contestó Sócrates.

—Por lo tanto, prosiguió, ¿también la ciencia en sí, lo que es la ciencia, habrá de ser ciencia de aquella verdad en sí, de lo que es la verdad?

—Efectivamente.

—¿Y, a su vez, cada una de las ciencias, lo que ella es, tendrá que ser ciencia de cada una de las cosas que son, de lo que cada una es?

—Sí.

—¿La ciencia de entre nosotros no sería, pues, de la verdad que está entre nosotros, y, de su lado, cada una de las ciencias de entre nosotros no resultaría ser ciencia *b*
de cada tipo de cosas que están entre nosotros?

—Por necesidad.

—Pero, a las Formas en sí mismas —según has convenido— no las poseemos, ni es posible que estén entre nosotros.

—No, en efecto.

—Y los géneros en sí, lo que es cada uno de ellos, ¿son, acaso, conocidos por la Forma en sí de la ciencia? [67].

---

[66] No hay aquí una confusión entre la Forma y la instancia perfecta de ella, como pretende Cornford (pág. 98). Platón no dice que la Forma de señor sea, ella misma, señor de la Forma de siervo, sino que la Forma de señor es lo que es, es decir, es definida, por su relación con la Forma de siervo, que le es correlativa. En tal sentido, no hay aquí una autopredicación de las Formas. Cf. Fujisawa, «*Ekhein*...», pág. 31, n. 1; R. Bluck, «Forms as Standarts», *Phronesis* 2 (1957), 2, pág. 121, n. 2; Bestor, «Plato's Semantics...», págs. 66-67.

[67] Acá se produce el deslizamiento en el argumento: se toma a la Forma de conocimiento como instancia perfecta del conocimiento, y se dice entonces que la Forma de ciencia conoce. Hasta este momento sólo se había afirmado que la Forma de ciencia es lo que es, se define, por su relación con la Forma de verdad.

—Sí.

—La que, por cierto, nosotros no poseemos.

—No, claro que no.

—Por lo tanto, ninguna de las Formas es conocida por nosotros, dado que no participamos [68] de la ciencia en sí.

—Parece que no.

—En consecuencia, nos es incognoscible tanto lo be-
c llo en sí, lo que él es, como lo bueno y todo cuanto admitimos como caracteres que son en sí.

—Muy probable.

—Pero fíjate que hay algo aún más terrible.

—¿Qué cosa?

—Podrías decir que, si hay un género en sí de ciencia, él es mucho más exacto que la ciencia de entre nosotros, y lo mismo ocurre con la belleza y todo lo demás.

—Sí.

—Por lo tanto, si hay algún otro ser que participa de la ciencia en sí, ¿no tendrías que afirmar que nadie más que un dios posee el conocimiento más exacto?

—Necesariamente.

d —El dios, dado que él posee la ciencia en sí, ¿será, entonces, a su vez, capaz de conocer las cosas de entre nosotros?

—¿Y por qué no?

—Porque, Sócrates —respondió Parménides—, convinimos que ni aquellas Formas tienen el poder que tienen respecto de las cosas de entre nosotros, ni las cosas de en-

---

[68] En todo este pasaje (133b-134e), Platón usa «poseer» y «participar» de modo indiscriminado y como términos intercambiables, contra el uso que hace normalmente, como en 130b. Cf. Fujisawa, «*Ekhein*...», págs. 30-31.

tre nosotros respecto de aquéllas, sino que unas y otras lo tienen respecto dc sí mismas.

—Sí, lo convinimos.

—Por lo tanto, si dios posee el señorío en sí más
exacto y la ciencia en sí más exacta, el señorío de aquel
ámbito no puede enseñorearse sobre nosotros, ni la ciencia
que está allí podría saber de nosotros, pero, de modo *e*
semejante, nosotros no gobernamos a lo que está en ese
ámbito por el gobierno de entre nosotros, ni sabemos nada
de lo divino por nuestra ciencia, y quienes están en ese
ámbito, a su vez, por la misma razón, ni son nuestros señores ni saben de los asuntos humanos, por ser dioses[69].

—Pero —dijo—, tal argumento es en exceso sorprendente, ya que priva a dios del saber.

—Sin embargo, Sócrates —dijo Parménides—, estas 135*a*
dificultades, y tantísimas otras además de éstas, encierran
necesariamente las Formas, si las características de las cosas que son son en sí mismas y si se define a cada Forma como algo en sí. De ahí que quien nos escuche se halle en dificultad y discuta que estas cosas no son, y que, aun cuando se conceda que son, es del todo necesario que ellas sean incognoscibles para la naturaleza humana. Y, al decir esto, creerá decir algo con sentido y, como un poco antes señalamos[70], será extremadamente difícil disuadirlo. Hom-

---

[69] Platón pasa del singular al plural, sin sentido aparente de transición. Sobre todo este argumento, cf. J. FORRESTER, «Arguments an Able Man Could Refute: *Parmenides* 133b-134e», *Phronesis* XIX (1974), 3, págs. 233-237; F. LEWIS, «Parmenides on Separation and the Knowability of the Forms», *Philos. Stud.* 35 (1979), 2, págs. 105-127 (dedica las págs. 120-123 a analizar «la más terrible consecuencia», 134c-e, de la que prácticamente ningún autor se ocupa); S. PETERSON, «The Greatest Difficulty for Plato's Theory of Forms: the Unknowability Argument of *Parmenides* 133c-134c», *Arch. Gesch. Philos.* 63 (1981), 1, págs. 1-16.

[70] Cf. 133b.

bre plenamente dotado sería el capaz de comprender que hay un género de cada cosa y un ser en sí y por sí, *b* pero aún más admirable sería aquel que, habiendo descubierto y examinado suficientemente y con cuidado todas estas cosas, fuera capaz de instruir a otro.

—Estoy de acuerdo contigo, Parménides —dijo Sócrates—. Lo que dices es justamente lo que yo pienso.

—Pero, sin embargo, Sócrates —prosiguió Parménides—, si alguien, por considerar las dificultades ahora planteadas y otras semejantes, no admitiese que hay Formas de las cosas que son y se negase a distinguir una determinada Forma de cada. cosa una, no tendrá adónde *c* dirigir el pensamiento, al no admitir que la característica de cada una de las cosas que son es siempre la misma, y así destruirá por completo la facultad diléctica. Esto, al menos según yo creo, es lo que has advertido por encima de todo.

—Dices verdad, repuso.

—¿Qué harás, entonces, en lo tocante a la filosofía? ¿Hacia dónde te orientarás, en el desconocimiento de tales cuestiones?

—Creo no entrever camino alguno, al menos en este momento.

—Es —dijo— porque demasiado pronto, antes de ejercitarte, Sócrates, te empeñas en definir lo bello, lo justo, *d* lo bueno y cada una de las Formas. Eso es lo que pensé ya anteayer, al escucharte dialogar aquí con este Aristóteles. Bello y divino, ten por seguro, es el impulso que te arrastra hacia los argumentos. Pero, esfuérzate y ejercítate más, a través de esa práctica aparentemente inútil y a la que la gente llama vana charlatanería [71], mientras aún eres joven. De lo contrario, la verdad se te escapará.

[71] *adoleschía*. Para el uso de esta expresión, cf. *Crátilo* 401b, *República* 488e, *Fedro* 270a, *Político* 299b.

—¿Y cuál es el modo de ejercitarme, Parménides?, preguntó Sócrates.

—Ese —respondió— que escuchaste de labios de Zenón. Salvo en esto, que me pareció admirable que le dijeras [72]: que no accedías a que el examen se perdiera en *e*
las cosas visibles ni que se refiriera a ellas, sino a aquellas que pueden aprehenderse exclusivamente con la razón y considerarse que son Formas.

—Me parece, en efecto —dijo—, que de ese modo no hay dificultad en mostrar que las cosas que son son tanto semejantes cuanto desemejantes y que están afectadas por cualquier otra posición.

—Muy bien —dijo—; pero, además de eso, debemos hacer esto otro: no sólo suponer que cada cosa es y examinar las consecuencias que se desprenden de esa hipótesis [73],
sino también suponer que esa misma cosa no es, si quieres 136*a*
tener mayor entrenamiento [74].

—¿Qué quieres decir?, preguntó.

---

[72] Cf. 129b-130a.

[73] Este procedimiento está ya usado en el *Fedón* y descrito en 100a-c: partir de una hipótesis afirmativa y desprender las consecuencias que de ella se siguen. En nuestro diálogo, ese procedimiento se completa: no basta con sacar las consecuencias de la hipótesis afirmativa, sino que es preciso, además, sacar las consecuencias de la hipótesis negativa.

[74] *gymnasía,* «ejercitación» o «gimnasia». Está acentuada esta noción tanto en las secciones anteriores del diálogo como en la que ahora se inicia (cf. 135c, 135d —dos veces—, 136a, 136c). Es cierto que la tercera parte del diálogo es, en buena medida, un ejercicio, pero su propósito va más allá. No comparto la interpretación de quienes, como Robinson, sostienen que el diálogo no alcanza verdad de ningún tipo, sino que «entrena los músculos de la mente» para hallar la verdad en una etapa posterior (II, pág. 176). Los *Tópicos* de Aristóteles recomiendan este método como gimnasia dialéctica, pero, a la vez, como instrumento de búsqueda científica (101a34-36; 163a36-163b-16), según señala acertadamente Diès (n. *ad loc.*).

—Por ejemplo —respondió—, si tú quieres, a propósito de la hipótesis que propuso Zenón, "si hay multiplicidad" [75], examinar qué debe seguirse para los múltiples mismos, tanto respecto de sí mismos como respecto de lo uno, y para lo uno, tanto respecto de sí mismo como respecto de los múltiples. Y, a su vez, poniendo como hipótesis "si no hay multiplicidad", examinar nuevamente qué ha de seguirse para lo uno y para los múltiples, tanto respecto
b de sí mismos como respecto uno del otro. Y luego, además, si se supone que hay semejanza o que no la hay, qué se sigue en cada una de las hipótesis para los sujetos mismos de las hipótesis como para los otros, tanto respecto de sí mismos como respecto unos de otros. Y el mismo argumento se aplicará a propósito de lo desemejante, así como del movimiento, del reposo, de la generación y la corrupción, del ser mismo y del no ser. En una palabra, a propósito de algo, se suponga que él es o que él no es o que está afectado por cualquier otra determinación,
c se debe examinar las consecuencias que se siguen tanto respecto de sí mismo como respecto de cada uno de los otros, el que se prefiera elegir, e igualmente respecto de una pluralidad y de todos en conjunto. Y las demás cosas, a su vez, tanto respecto de sí mismas como respecto de alguna otra, la que prefieras elegir, se suponga que eso es, o se suponga que eso no es, si pretendes ejercitarte cumplidamente para discernir bien la verdad.

—Notable procedimiento [76] —dijo— el que estás proponiendo, Parménides, y no alcanzo a comprenderlo del

[75] *ei pollà ésti.* Cf. 127e.

[76] Las recomendaciones metodológicas de este procedimiento son tres: 1) seguir el método de Zenón; 2) aplicarlo, no a cosas visibles, sino a nociones inteligibles; 3) sacar las consecuencias tanto de la hipótesis afirmativa como de la negativa. (Cf. R. Robinson, II, pág. 178.)

todo. Pero, ¿por qué no me lo exhibes, tomando tú mismo alguna hipótesis, para quc pueda comprenderlo mejor?

—Pesada tarea la que me exiges, Sócrates, teniendo *d*
en cuenta mi edad —repuso.

—¿Y por qué no eres tú, Zenón, quien nos explica?, preguntó Sócrates.'

»A lo que Zenón —contó Antifonte— repuso, riendo: '¡A él pidámoselo, a Parménides, Sócrates! Porque no es cosa de poca monta esa de que habla. ¿O no te das cuenta del enorme esfuerzo que estás exigiendo? Si fuéramos muchos no sería correcto pedírselo; porque no es conveniente hablar sobre tales cuestiones ante una multitud, sobre todo a su edad. La gente ignora, en efecto, que sin recorrer *e*
y explorar todos los caminos es imposible dar con la verdad y adquirir inteligencia de ella. Así pues, Parménides, me uno a Sócrates en su pedido, para poder volver, yo mismo, a escucharte, después de tanto tiempo.'

»Después de que Zenón dijo esto —continuó diciendo Antifonte—, contaba Pitodoro [77] que él, así como Aristóteles y los demás, pidieron a Parménides que hiciera una demostración de lo que quería decir y que no se negara a ello. Y respondió Parménides:

'—Preciso será que me deje persuadir. Creo, sin embargo, que me está pasando lo que al caballo de Íbico, quien, entrenado en la carrera y ya viejo, cuando iba a 137*a*
entrar en la competencia, uncido al carro, la experiencia que tenía le hacía temblar, por temor a lo que iba a suceder. A él se comparaba Íbico, diciendo que, contra su voluntad y viejo como era, se veía obligado a ir al encuentro del amor [78]. También yo, al recordar, siento el gran temor

[77] Se recuerda explícitamente el esquema narrativo señalado en 127a.

[78] Íbico, poeta lírico, cuyo *floruit* se sitúa *ca.* 540 a. C. Cf. fr. 7 (Diehl) (trad. cast. de C. García Gual en *Antología de la poesía lírica griega,* Madrid, 1983, pág. 96).

de no saber cómo, a la edad que tengo, cruzar a nado tal y tan gran océano de argumentos. Y, sin embargo, debo acceder a vuestros deseos, puesto que, como dijo Zenón, no somos más que nosotros. Muy bien, pues. ¿Por dónde comenzaremos, y cuál será nuestra primera hipóte-
b sis? ¿Queréis, dado que, al parecer, he de jugar esta laboriosa partida, que comience por mí mismo y por mi propia hipótesis [79], suponiendo, a propósito de lo uno mismo, qué debe seguirse si lo uno es, o bien si lo uno no es [80]?

—Perfectamente, respondió Zenón.

—¿Quién, pues, me responderá?, preguntó. ¿Tal vez el más joven? Por cierto, traería menos complicaciones y respondería más directamente lo que piensa. Por lo demás, sus respuestas me darían ocasión de descansar.

c —Estoy a tu disposición, Parménides —intervino Aristóteles—; porque a mí, sin duda, te refieres, al hablar del más joven. Pregúntame, que yo te responderé.

—¡Comencemos, pues!, dijo Parménides. Si lo uno es, ¿no es cierto que lo uno no podría ser múltiple [81]?

—¿Cómo podría serlo?

—En consecuencia, ni tiene partes, ni puede ser un todo.

—¿Por que?

—La parte es, sin duda, parte de un todo.

—Sí.

—¿Y qué es un todo? ¿Un todo no es aquello que no carece de ninguna parte?

---

[79] Cf. 128a-d.

[80] *eíte hèn éstin eíte mè hén.* La enunciación de esta hipótesis ha dado lugar a diferentes interpretaciones. Además de la tradución que aquí hago, otras dos traducciones posibles son: «si lo uno es uno o si lo uno no es uno» (así lo toman, por ejemplo, Diès y Zadro); «si lo uno es o lo no uno es» (así lo toma, por ejemplo, Moreau).

[81] *pollá* «muchos», «muchas cosas», «multiplicidad».

—En efecto.

—En consecuencia, en ambos sentidos lo uno estaría constituido por partes, tanto por ser un todo como por tener partes.

—Es necesario.

—Y así, en consecuencia, en ambos sentidos lo uno sería múltiple y no uno. *d*

—Es verdad.

—Pero es preciso que él no sea múltiple, sino uno.

—Es preciso.

—En consecuencia, no podrá ser un todo ni tendrá partes, si lo uno es uno.

—No, en efecto.

—Luego, si no tiene ninguna parte, no tendrá principio, ni fin ni medio, puesto que éstos serían, efectivamente, sus partes.

—Es cierto.

—Más aún, fin y principio son límites de cada cosa.

—¿Cómo no?

—En consecuencia, lo uno es ilimitado, si no posee principio ni fin.

—Ilimitado.

—Y carente de figura; por lo tanto, no podría par- *e*
ticipar, en efecto, ni de lo redondo ni de lo recto.

—¿Cómo?

—Redondo es aquello cuyos extremos, en todas las direcciones, están a igual distancia del medio.

—Sí.

—Y recto es aquello cuyo medio intercepta ambos extremos.

—Así es.

—En consecuencia, lo uno tendría partes y sería múltiple, si participase de la figura recta o de la circular.

—Efectivamente.

—Por lo tanto, ni es recto ni es circular, puesto que
138a no tiene partes.

—Es cierto.

—Y si es tal, no podría estar en ningún lugar, dado que no puede estar ni en otro ni en sí mismo.

—¿Cómo podría?

—Si estuviera en otro, estaría circundado por aquello en lo que estuviese, y así, en muchos puntos estaría en contacto con él por muchos de sus puntos. Pero si es uno, sin partes y no participa del círculo, es imposible que por muchos puntos tenga contactos periféricos.

—Imposible.

—Por otra parte, si estuviera en sí mismo, no sería sino él el que estaría rodeándose a sí mismo, puesto que
b está en sí mismo; porque es imposible estar en algo y no ser rodeado por él.

—Imposible, en efecto.

—Lo que rodea sería, pues, una cosa, y otra diferente de ella, lo rodeado; pues, en su totalidad, no podría hacer y padecer simultáneamente lo mismo. Y, de ese modo, lo uno ya no sería uno, sino dos.

—No sería uno, por cierto.

—En consecuencia, lo uno no está en ninguna parte, al no estar contenido ni en sí mismo ni en otro.

—No lo está.

—Si tal es lo uno, considera ahora si puede estar en reposo o en movimiento.

—¿Y por qué no?

—Porque si se moviese, o bien se desplazaría o bien
c se alteraría, dado que son ésos los únicos movimientos [82].

---

[82] Cf. *Teeteto* 181c ss., y *Leyes* X 893c ss.

—Sí.

—Pero si lo uno se alterase en sí mismo, es imposible que siguiera siendo uno.

—Imposible.

—En consecuencia, no se mueve, al menos por alteración.

—No, evidentemente.

—¿Lo hará, entonces, por desplazamiento?

—Tal vez.

—Sin embargo, si lo uno se desplazase, o bien giraría en círculo en el mismo lugar o bien cambiaría de un lugar a otro.

—Necesariamente.

—Si girase en círculo, ¿no tendría, necesariamente, como punto de apoyo un centro, y las otras partes de sí mismo desplazándose alrededor de ese centro? Pero, a aquello a lo que no le corresponde tener centro ni partes, ¿qué medio hay de que tenga una rotación circular sobre *d*
su centro?

—Ninguno.

—¿Será, entonces, cambiando de lugar como llega a estar en diferentes lugares en diferentes momentos, y es así como se mueve?

—Sí, si es que se mueve.

—¿Pero no habíamos visto que era imposible para él estar en algo?

—Sí.

—¿Y no es aún más imposible que llegue a ser [83]?

—No veo por qué.

—Si una cosa llega a ser en algo, ¿no es necesario que no esté aún en ese algo mientras está llegando a ser,

---

[83] Traduzco aquí, como en casi todos los casos, el verbo *gígnesthai* por «llegar a ser», que prefiero al neologismo «devenir».

ni que esté aún absolutamente fuera de ese algo, si es que está, precisamente, llegando a ser en él?

—Necesario.

e —Pero, si algo puede ser afectado de ese modo, sólo lo será lo que tiene partes; una parte de él, en efecto, podrá estar ya en él y otra fuera de él, simultáneamente. Pero lo que no tiene partes de ningún modo puede estar todo él simultáneamente ni dentro ni fuera de algo.

—Es verdad.

—Aquello que no tiene partes ni se da como un todo, ¿no es mucho más imposible aún que llegue a ser en algo, ya que no llega a ser en algo ni por partes ni en su totalidad?

—Así parece.

—Entonces, no cambia de lugar yendo hacia algo ni llegando a ser en algo, ni girando en el mismo lugar, ni
139a tampoco se altera.

—Parece que no.

—En consecuencia, lo uno es inmóvil, respecto de todo tipo de movimiento.

—Inmóvil.

—Pero dijimos, además, que es imposible que lo uno esté en algo.

—Lo dijimos, en efecto.

—Entonces, tampoco está jamás en el mismo lugar.

—¿Por qué?

—Porque estaría ya en aquello mismo en lo que está.

—Sí, efectivamente.

—Pero no le sería posible estar contenido en sí mismo ni en otra cosa.

—No, claro que no.

—En consecuencia, lo uno no está de ningún modo en el mismo lugar.

—Parece que no.

—Pero, sin embargo, lo que jamás está en el mismo *b*
lugar ni se está quieto ni se mantiene en reposo.

—No. No le es posible.

—En consecuencia, según parece, ni se mantiene en reposo ni se mueve.

—Eso, al menos, es lo que parece.

—Además, tampoco será lo mismo que algo diferente ni que él mismo, y, a su vez, no será diferente de sí mismo ni de algo diferente [84].

—¿Cómo es eso?

—Si fuera diferente de sí mismo, sería diferente de uno y no sería uno.

—Es verdad.

—Y si fuera lo mismo que algo diferente, sería este *c*
algo diferente y no sería él mismo; de ahí que, de ese modo, no sería lo que es, uno, sino diferente de uno.

—No. No sería uno, en efecto.

—En consecuencia, no será ni lo mismo que algo diferente, ni diferente de sí mismo.

—No, por cierto.

—Y así no será diferente de algo diferente, en tanto que es uno; en efecto, ser diferente de alguna cosa no le conviene a lo uno, sino sólo a lo diferente de algo diferente, y a nada más.

—Es cierto.

—Entonces, por el hecho de ser uno, no será diferente. ¿O crees que lo será?

—No lo será, por cierto.

—Pero, además, si no lo es por esto, no lo será por sí mismo, y si no lo es por sí mismo, tampoco lo será

[84] *tò autó:* «lo mismo»; *tò héteron:* lo diferente. Ambos tienen una importancia capital en el tratamiento de los géneros supremos en *Sofista* 254e.

él mismo. Pero si no es de ningún modo diferente, no será diferente de nada.

d —Es cierto.

—Tampoco, por cierto, será lo mismo que él mismo.

—¿Cómo no?

—No, porque la naturaleza propia de lo uno no es, sin duda, la de lo mismo.

—¿Por qué?

—Porque no se da el caso de que, cuando algo llega a ser lo mismo que algo, llegue a ser uno.

—Pero, ¿por qué?

—Es de necesidad que, cuando algo llega a ser lo mismo que muchos, se vuelve múltiple y no uno.

—Es verdad.

—Pero si lo uno y lo mismo en nada difirieran, cuando algo llegase a ser lo mismo, llegaría a ser uno, y, cuando llegase a ser uno, llegaría a ser lo mismo.

e —Efectivamente.

—Si, entonces, lo uno fuese lo mismo que él mismo, no sería uno para sí mismo; y así, siendo uno, no sería uno. Pero esto es, por cierto, imposible; en consecuencia, también le es imposible a lo uno ser diferente de algo diferente o lo mismo que él mismo.

—Imposible.

—Resulta así que lo uno no podrá ser ni diferente ni lo mismo ni respecto de sí mismo ni de algo diferente.

—No podrá, en efecto.

—Pero tampoco será ni semejante ni desemejante a algo, ni a sí mismo ni a algo diferente.

—¿Por qué?

—Porque semejante es aquello que tiene una misma afección.

—Sí.

—Y ya se mostró que lo mismo es una naturaleza separada de lo uno.

—Se mostró, en efecto. 140*a*

—Pero si lo uno tuviera alguna afección aparte del hecho de ser uno, tendría la afección de ser más que uno, y esto es imposible.

—Sí.

—Por lo tanto, de ningún modo lo uno tiene la afección de ser lo mismo, ni que otro [85] ni que él mismo.

—Parece que no.

—Por lo tanto, tampoco puede ser semejante ni a otra cosa ni a sí mismo.

—No puede serlo.

—Además, tampoco lo uno tiene la afección de ser diferente, pues, si así fuera, tendría la afección de ser más que uno.

—Más, en efecto.

—Pero aquello que tiene la afección de ser diferente de sí mismo o de otro tendrá que ser desemejante a sí mismo o a otro, ya que semejante es lo que tiene la misma *b*
afección.

—Es cierto.

—Pero lo uno, al menos según parece, al no poseer de ningún modo la afección de ser diferente, de ningún modo es desemejante ni a sí mismo ni a algo diferente.

—No, no lo es.

—En consecuencia, lo uno no podrá ser ni semejante ni desemejante ni a algo diferente ni a sí mismo.

—Parece que no.

—Además, al ser tal, no será ni igual ni desigual ni a sí mismo ni a otro.

---

[85] *állo*. Traduzco en todos los casos *állo* por «otro», para distinguirlo de *héteron* «diferente».

—¿Cómo?

»'—Si es igual, tendrá las mismas medidas de aquello a lo que es igual [86].

—Sí.

—Y si es mayor o menor que las cosas conmensura-
c bles con él, tendrá medidas mayores que las cosas que son menores, y menores que las cosas que son mayores.

—Sí.

—Y respecto de las cosas que son inconmensurables con él, tendrá medidas mayores que unas y menores que otras.

—¿Cómo no?

—Pero, ¿no es imposible que lo que no participa de lo mismo tenga las mismas medidas o cualquier otro mismo rasgo?

—Imposible.

—En consecuencia, no podrá ser igual ni a sí mismo ni a otro, al no tener las mismas medidas.

—No podrá, en efecto.

d —Pero, sin embargo, si tuviera más o menos medidas, tendría tantas partes como medidas; y, así, ya no sería uno, sino tantos cuantas fueran sus medidas.

—Es cierto.

—Pero si fuera de una única medida, llegaría a ser igual a su medida. Mas ya se vio que es imposible que él llegue a ser igual a algo.

—Así se vio, en efecto.

—En consecuencia, si no participa de una medida, ni de muchas ni de pocas, y si no participa en absoluto de lo mismo, no será al parecer, igual ni a sí mismo ni

---

[86] La igualdad es cuantitativa (ser igual supone tener las mismas medidas), mientras que la semejanza, definida en 139e, es cualitativa (semejante a otro es aquello que posee la misma afección o propiedad que otro).

a otro. Por lo demás, tampoco será ni mayor ni menor que él mismo ni que algo diferente.

—Así es, efectivamente.

—¿Y qué? ¿Te parece que lo uno puede ser más viejo *e*
o más joven o tener la misma edad que algo?

—¿Y por qué no?

—Porque, si tuviera la misma edad que él mismo o que otro, participaría de una igualdad de tiempo y de una semejanza [87]; pero dijimos que lo uno no tiene parte de ellas, ni de semejanza ni de igualdad.

—Lo dijimos, en efecto.

—Y que tampoco participa de desemejanza ni de desigualdad, eso también lo dijimos.

—Lo dijimos.

—Y entonces, si es tal, ¿cómo puede ser más viejo o 141*a*
más joven o tener la misma edad que algo?

—De ningún modo.

—Por lo tanto, lo uno no podrá ser ni más joven ni más viejo ni tener la misma edad que él mismo ni que otro.

—Parece que no.

—Y entonces, si es tal, ¿lo uno no podría estar para nada en el tiempo? ¿O no es necesario, acaso, que si algo está en el tiempo llegue a ser siempre más viejo que sí mismo?

—Es necesario.

—Pero, ¿lo más viejo es siempre más viejo que lo más joven?

---

[87] Sigo a Cornford, quien señala con acierto que no debe tomarse *homoiótētos* en conjunción con *chrónou,* sino con *isótētos.* Lo que tiene la misma edad participa de una igualdad de tiempo, y, además, participa de una semejanza, ya que, en el sentido antes definido, son semejantes aquellas cosas que tienen una misma afección.

—¿Y qué?

b —Lo que llega a ser más viejo que él mismo llega a ser, a la vez, también más joven que él mismo, si es que tiene que tener algo respecto de lo cual llegue a ser más viejo.

—¿Cómo dices?

—Esto: una cosa que es distinta de otra no tiene que llegar a ser distinta si ya es distinta; ella es distinta de algo que ya lo es, llegó a serlo de algo que llegó a ser distinto, y va a serlo de algo que será diferente; pero, respecto de algo que está llegando a ser distinto, ni llegó a ser distinta ni va a serlo ni lo es ya; está llegando a ser diferente, y nada más.

c —Es necesario, en efecto.

—Y, por su parte, lo más viejo es, sin duda, distinto de lo más joven y de nada más.

—Lo es, en efecto.

—En consecuencia, lo que llega a ser más viejo que él mismo, es necesario que también llegue a ser simultáneamente más joven que él mismo.

—Parece.

—Pero no llega a ser por más o menos tiempo que él mismo, sino que llega a ser y es y llegó a ser y va a ser por un tiempo igual a sí mismo.

—Necesario es también esto.

—Así, es preciso, al parecer, que las cosas que están

d en el tiempo y participan de él tengan, cada una de ellas, la misma edad que ellas mismas y lleguen a ser más viejas que ellas mismas y, a la vez, más jóvenes.

—Muy probable.

—Pero lo uno no tiene parte de ninguna de tales afecciones.

—No, no tiene parte.

—Entonces, tampoco tiene parte del tiempo ni está en ningún tiempo.

—No, al menos tal como se desprende del argumento.

—¿Y qué? "Era", "ha llegado a ser", "estaba llegando a ser", ¿no parecen significar participación de un tiempo pasado?

—Sí, sin duda.

—¿Y qué? "Será", "llegará a ser" y "habrá llegado *e*
a ser" ¿no significan participación de un tiempo que vendrá después?

—Sí.

—Y "es" y "llega a ser", ¿del ahora presente?

—Efectivamente.

—Si, entonces, de ningún modo lo uno participa de ningún tiempo, ni llegó a ser ni estaba llegando a ser ni era antes, ni ha llegado a ser [88] ni llega a ser ni es ahora, ni llegará a ser ni habrá llegado a ser ni será después.

—Es del todo cierto.

—Ahora bien, ¿es posible que algo pueda participar del ser [89] de un modo que no sea alguno de éstos?

—No es posible.

—En consecuencia, de ningún modo lo uno participa del ser.

—Parece que no.

—De ningún modo, entonces, lo uno es.

—No, según resulta.

—En consecuencia, tampoco hay modo de que sea uno; pues sería ya algo que es y que participa del ser. Pe-

---

[88] *gégone,* en perfecto, con matiz resultativo, en el sentido de que, porque ha llegado a ser, *es* ahora. Unas líneas antes también está usado el perfecto, pero para significar participación en un tiempo pasado.

[89] *ousía.*

ro, según parece, lo uno ni es uno ni es, si ha de darse crédito a esta argumentación.

—Es muy probable.

142a —¿Pero, en lo que toca a lo que no es, podría haber algo *para* lo que no es o *de* lo que no es? [90].

—¿Y cómo?

—Por lo tanto, no hay para él ni nombre ni enunciado, ni ciencia, ni sensación ni opinión que le correspondan.

—No, según parece.

—Tampoco, entonces, se lo nombra ni se lo enuncia ni es objeto de opinión ni se lo conoce ni hay ningún ser que de él tenga sensación [91].

—Parece que no.

—¿Y es posible que esto suceda a propósito de lo uno?

—A mí, al menos, no me lo parece.

b —¿Quieres, entonces, que regresemos nuevamente a la hipótesis y la retomemos desde el comienzo, para ver si, al retomarla, llegamos a algún otro resultado?

—Sí, ¡claro que lo quiero!

—Muy bien, pues. Si lo uno es [92] —decíamos—, las

---

[90] La construcción en griego es directa, y no con preposiciones. Recurro al «para...» y al «de...» para traducir, respectivamente, el dativo y el genitivo.

[91] Todas estas expresiones son usadas reiteradamente por Plotino para indicar la inefabilidad de lo Uno. Cf., por ejemplo, *Enéadas* V 3, 13, 4; 3, 14, 2; 4, 1, 9; VI 7, 41, 37-38; 9, 4, 1-2; 9, 5, 31; etc.

[92] *hèn ei ésti.* La formulación de la hipótesis difiere respecto de la que se da al comienzo del primer argumento (137c: *ei hèn éstin*) en el orden de los términos. No debe atribuirse a esto una importancia decisiva, como pretenden algunos autores como Taylor (pág. 363). Platón formula ambiguamente sus hipótesis, pero eso no quiere decir que haya diferentes sujetos en las distintas argumentaciones. En los primeros cuatro argumentos el sujeto es la unidad, de la cual se dice *ésti.* Cf. Allen, págs. 184-186 y n. 76.

consecuencias que se siguen sobre él, sean cuales fueren, deben ser aceptadas. ¿No es así?

—Sí.

—Examina, entonces, desde el comienzo. Si lo uno es, ¿es posible que él sea, pero que no participe del ser?

—No es posible.

—Ahora bien, el ser de lo uno sería, sin ser lo mismo que lo uno; de otro modo, el ser no sería *de* lo uno, ni *c*
él, lo uno, participaría del ser, sino que decir "lo uno es" sería semejante a decir "lo uno es uno". Pero ahora nuestra hipótesis no es "si lo uno es uno" qué debe seguirse como consecuencia, sino que la hipótesis es "si lo uno es". ¿No es así?

—Efectivamente.

—Así, "es" tiene diferente significado que "uno".

—Es necesario.

—¿Y lo que significa no es que lo uno participa del ser y que es esto lo que se está diciendo al afirmar concisamente que lo uno es?

—En efecto.

—Pero, digámoslo nuevamente: si lo uno es, ¿qué se sigue como consecuencia? Examina ahora si no es necesario que esta hipótesis signifique que lo uno es tal que tiene partes.

—¿Cómo? *d*

—Del siguiente modo: si "es" se dice de lo uno en tanto que él es, y "uno" se dice de lo que es en tanto él es uno, entonces no son lo mismo el ser y lo uno, pero pertenecen a aquello mismo que pusimos por hipótesis, a saber, lo uno que es. ¿Acaso no es necesario que él, uno que es, sea un todo y que tenga por partes tanto al uno como al ser [93]?

---

[93] *tò hén* y *tò eînai.*

—Es necesario.

—Entonces, ¿diremos sólo que cada una de estas dos partes es parte, o bien diremos que la parte es parte del todo?

—Parte del todo.

—Por lo tanto, lo que es uno es un todo y posee partes.

—En efecto.

—¿Y qué ocurre con cada una de estas dos partes
e de lo uno que es, a saber "uno" y "que es"? ¿Acaso lo
uno puede faltarle a la parte "que es" [94] y el que es a
la parte "uno" [95]?

—No, no puede.

—Y entonces, cada una de estas partes contiene nue-
vamente tanto "uno" como "que es", y así resulta que
la parte está compuesta, a su vez, por lo menos de dos
partes; y, siguiendo este mismo razonamiento, todo lo que
se constituye como parte contiene siempre esas dos partes;
lo uno contiene siempre lo "que es" y lo que es contiene
143a siempre a lo "uno"; de suerte que, necesariamente, al
resultar siempre dos, no será jamás uno.

---

[94] Sigo la lectura de Burnet, conservada por Diès: *tò hèn toû eînai moríou.* Sin embargo, es interesante y digna de tener en cuenta la lectura de los manuscritos que imprime Hermann y que justifica, en nota, del siguiente modo: «Para mí, la lectura de los manuscritos ofrece un sentido idóneo: de las dos partes del uno que es, ni el uno, puesto que es parte, carece de la noción de ser, ni el ser, puesto que es uno, carece de la parte de sí que es uno.» No sería necesario el cambio de caso de *moríon* (en acusativo en los manuscritos) por *moríou* (en genitivo); tomando *moríon* como predicativo subjetivo, podría traducirse: «ni lo uno, siendo parte, carece de ser».

[95] El pasaje es de difícil traducción, porque Platón emplea el verbo ser en infinitivo (*eînai*) y en participio (*ón*). Traduzco aquí *tò ón* por «que es», tomando el artículo como sustantivador de la expresión.

—Absolutamente cierto.

—¿Y lo uno que es será así una multiplicidad ilimitada[96]?

—Así parece.

—Pero, sígueme aún por este otro camino.

—¿Por cuál?

—¿Decimos que lo uno participa del ser y que, en consecuencia, es?

—Sí.

—Y, en razón de ello, lo uno que es se ha mostrado múltiple.

—Así es.

—¿Y qué? Lo uno en sí, que afirmamos que participa del ser, si con el pensamiento lo aprehendemos a él solo por sí mismo, sin aquello de lo cual decimos que participa, ¿ese uno se nos mostrará solamente uno o también en sí mismo múltiple?

—Uno, al menos según yo creo.

—Veamos, pues. Es necesario que una cosa sea el ser *b*
de lo uno, y otra diferente él mismo, puesto que lo uno no es ser sino que, en tanto uno, participa del ser.

—Es necesario.

—Pero, si una cosa es el ser y otra diferente es lo uno, no es por ser uno que lo uno es diferente del ser, ni es por ser ser que el ser es otro que lo uno, sino que difieren entre sí en virtud de lo diferente y de lo otro[97].

—Sí, en efecto.

—De tal modo, lo diferente no es lo mismo que lo uno ni es lo mismo que el ser.

---

[96] *ápeiron*. Traduzco en todos los casos por «ilimitado», que prefiero a «infinito».

[97] Cf. nn. 84 y 85.

—¿Cómo podría serlo?

c —¿Y qué? Si escogemos de entre ellos, como prefieras, el ser y lo diferente, o bien el ser y lo uno, o bien lo uno y lo diferente [98], ¿acaso en cada elección no hemos tomado un par, al que podemos llamar correctamente "ambos" [99]?

—¿Cómo?

—Del siguiente modo. ¿Puede decirse "ser"?

—Puede decirse.

—¿E, inmediatamente, puede decirse "uno"?

—También esto.

—¿No se ha mencionado, entonces, a cada uno de los dos?

—Sí.

—¿Y qué? ¿Cuando menciono "ser" y "uno", acaso no menciono a ambos?

—En efecto.

—¿Y si menciono "ser" y "otro", o bien "otro" y "uno", así también, siempre y en cada caso, menciono a ambos?

—Sí.

d —Aquellos a los que puede denominarse correctamente "ambos", ¿es posible que sean ambos, pero no dos?

—No, no es posible.

—Pero donde hay dos, ¿se da alguna posibilidad de que cada uno de los dos no sea uno?

—Ninguna.

---

[98] Cf. *Sofista* 255-256.

[99] *amphotérō*. Traduzco literalmente por «ambos», como ALLEN y ZADRO. No me parece acertada la traducción: «pareja», que hacen DIÈS, MOREAU y AGOGLIA.

—En consecuencia, puesto que cada par resulta ser un conjunto de dos [100], cada uno de sus integrantes tendrá que ser uno.

—Así parece.

—Pero si cada uno de ellos es uno, ¿cuando se adiciona uno cualquiera de ellos a una cualquiera de las parejas, la suma resultante no es tres?

—Sí.

—¿El tres no es impar y el dos, par?

—¿Cómo no?

—¿Y qué? Si hay dos, ¿no es necesario que haya *e*
también dos veces, y, si hay tres, tres veces, dado que al
dos le corresponde ser dos veces uno, y al tres, ser tres
veces uno?

—Es necesario.

—Pero, si hay dos y dos veces, ¿no hay necesariamente dos veces dos? Y si hay tres y tres veces, ¿no hay, a su vez, necesariamente, tres veces tres?

—¿Cómo no?

—¿Y qué? Si hay tres y dos veces y si hay dos y tres veces, ¿no es necesario que haya dos veces tres y tres veces dos?

—Muy necesario.

—En consecuencia, habrá pares en un número de ve-
ces par e impares en un número de veces impar, y pares 144*a*
en un número de veces impar e impares en un número de
veces par.

—Así es.

—Entonces, si esto es así, ¿crees que queda algún número que no deba ser necesariamente?

[100] *sýnduo.* En este término está reforzado el significado de unión de dos; de ahí que no creo que se lo pueda traducir por «dualidad», como prefieren varios traductores.

—De ningún modo.

—En consecuencia, si lo uno es, es necesario que también sea el número [101].

—Es necesario.

—Pero si el número es, también es la pluralidad y una multiplicidad ilimitada de cosas que son. ¿O el número no resulta ilimitado en multiplicidad y participa del ser?

—Claro que sí.

—Por lo tanto, si la totalidad del número participa del ser, ¿cada parte del número también participa de él?

—Sí.

b —Por lo tanto, ¿el ser está distribuido en toda la multiplicidad de las cosas que son y no falta en ninguna de las cosas que son, ni en la más pequeña ni en la más grande? ¿O es absurdo hacer tal pregunta? Pues, ¿cómo el ser podría faltar en alguna de las cosas que son?

—De ningún modo.

—Por lo tanto, el ser está fragmentado al extremo, tanto en las partes más pequeñas como en las más grandes posibles y en cosas de todo tipo y es, de todas las cosas, la más dividida en partes, y hay un número ilimitado de partes del ser.

—Así resulta.

c —El número de sus partes es, pues, el mayor posible.

---

[101] Este pasaje se ha tomado, a menudo, como una generación o derivación del número, interpretación que parece remontarse a Aristóteles y que, presumiblemente, era también uno de los rasgos de la interpretación neoplatónica. El supuesto de que Parménides está intentando generar el número se apoya, en buena parte, en la noción de que genere el 1, el 2 y 3 por adición. Pero el argumento no procede por adición, sino que es lingüístico y se apoya en la peculiaridad del dual, número que existe en griego junto al singular y el plural. En la interpretación de este pasaje sigo a R. ALLEN, «The Generation of Numbers in Plato's *Parmenides*», *Class. Philol.* LXV (1970), 1, págs. 30-34.

—El mayor posible, en efecto.

—¿Y qué, entonces? ¿Hay alguna de ellas quc sca parte del ser y que, sin embargo, no sea ninguna parte?

—¿Cómo sería ella algo?

—Pienso, por el contrario, que ella, si es y mientras es, debe ser necesariamente siempre una parte, pues no le es posible ser ninguna [102].

—Es necesario.

—Por lo tanto, a toda parte singular del ser se le adosa lo uno, y éste no falta ni en la parte más pequeña ni en la más grande, ni en ninguna otra.

—Así es.

—Así, entonces, él, que es uno, ¿está simultáneamente todo entero en todos lados? Piénsalo [103]. *d*

—Lo pienso y veo que es imposible.

—Está dividido en partes, entonces, ya que no está todo entero. Porque, dc cierto, no podrá estar presente simultáneamente en todas las partes del ser de otro modo que dividido en partes.

—Sí.

—Y lo que está dividido en partes es por completo necesario que sea tantos cuantas partes tiene.

—Es necesario.

—Por lo tanto, no era verdad lo que muy poco antes decíamos [104], al afirmar que el número de partes en las que el ser está distribuido era el mayor posible. No está, en efecto, distribuido en un número de partes mayor que
lo uno, pues ni lo que es carece de lo uno, ni lo uno *e*

---

[102] Juego buscado de palabras, difícil de reproducir. Platón contrapone *hén* «uno» a *oudén* «ninguno» en el sentido de «no-uno».

[103] Cf. 131a ss.

[104] Cf. 144c.

de lo que es, sino que, siendo dos, coinciden siempre en toda cosa.

—Es absolutamente así, según parece.

—Por lo tanto, lo uno en sí, al estar fragmentado por el ser, es pluralidad y multiplicidad ilimitada.

—Así parece.

—En consecuencia, no sólo lo uno que es es múltiple, sino que lo uno en sí, al estar distribuido por lo que es, es necesariamente múltiple.

—Sí, sin duda alguna.

—Y, además, dado que las partes son partes de un todo, lo uno, en tanto que todo, sería limitado. ¿O acaso las partes no están comprendidas en el todo?

145a —Es necesario.

—Y lo que comprende, por cierto, tendrá que ser un límite.

—¿Y cómo no?

—Lo uno que es, en consecuencia, es tanto uno como múltiple, y es todo y partes, y es limitado e ilimitado en pluralidad.

—Así parece.

—Y, puesto que es limitado, ¿no posee, entonces, extremos?

—Es necesario.

—¿Y qué? Si es un todo, ¿no tendrá principio, medio y fin? ¿O acaso le es posible a algo ser un todo sin estas tres cosas? Si le faltara alguna de ellas, ¿consentiría aún en ser un todo? [105].

—No lo consentiría.

b —Al parecer, pues, lo uno tendrá principio, fin y medio.

---

[105] Cf. 137d-e.

—Los tendrá.

—Pero el medio dista por igual de los extremos, pues, si así no fuera, no será medio.

—No lo será, claro.

—Y, según parece, lo uno, al ser tal, participará de alguna figura, sea recta o redonda o una mezcla de ambas.

—Participará, en efecto.

—Ahora bien, si esto es así, ¿él no estará tanto en sí mismo como en alguna otra cosa? [106].

—¿Cómo?

—Cada una de las partes está, sin duda, en el todo, y ninguna fuera del todo.

—Así es.

—¿Y todas las partes están, en su totalidad, comprendidas [107] por el todo? *c*

—Sí.

—Pero lo uno es la totalidad de las partes de sí mismo, ni más ni menos que todas ellas.

—Ni más ni menos, en efecto.

—En consecuencia, ¿lo uno es también el todo?

—¿Cómo no?

—Por lo tanto, si ocurre que las partes en su totalidad están en el todo y si esta totalidad de las partes es lo uno, tanto como lo es el todo mismo, y si la totalidad de las partes está comprendida por el todo, lo uno estará comprendido por lo uno, y, de ese modo, lo uno mismo estará ya en sí mismo.

—Tal se muestra.

---

[106] Cf. 138a.

[107] *periéchetai. periéchein* es un término técnico para designar la relación de una magnitud con sus partes. Aparece contrastado, en 150a, con *di' hólon tetaménēn eînai,* que es coextensividad. Cf. A. Lloyd, «Plato's Description of Division», en Allen (ed.), *Studies...*, pág. 228.

—Sin embargo, el todo, a su vez, no está en las par- *d* tes, ni en su totalidad ni en alguna. Pues, si estuviera en la totalidad, necesariamente estaría también en una, porque, de no estar en una determinada parte, ya no le sería posible, por cierto, estar en la totalidad de ellas; si, entonces, esta parte una es una de todas las partes, y si el todo no está contenido en ella, ¿cómo estará aún en su totalidad?

—De ningún modo.

—Sin embargo, tampoco está en algunas de las partes, pues si el todo estuviera en algunas, lo más estaría en lo menos, lo cual es imposible.

—Imposible, en efecto.

—Si el todo, entonces, no está ni en muchas ni en una ni en todas las partes, ¿no es necesario que esté en *e* alguna otra cosa o bien que no esté en ningún lado?

—Es necesario.

—Si no estuviera en ningún lado, no sería nada; pero, puesto que es un todo, dado que no está en sí mismo, ¿no es necesario que esté en otra cosa?

—En efecto.

—En consecuencia, en la medida en que lo uno es un todo, está en otra cosa; pero, en la medida en que es la totalidad de sus partes, está él mismo en sí mismo. Así pues, es necesario que lo uno esté él mismo en sí mismo y en algo diferente.

—Es necesario.

—Ahora bien, si lo uno es de tal naturaleza, ¿acaso no es necesario que se mueva y que esté en reposo? [108].

—¿Por qué motivo?

—En reposo está, sin duda, ya que está él mismo

---

[108] Cf. 138c ss.

en sí mismo; porque, al estar en un sitio y no salir de 146a
él para cambiar, estará en el mismo sitio, es decir, en sí mismo.

—Estará, en efecto.

—Y lo que está siempre en el mismo sitio, es del todo necesario que se halle siempre en reposo.

—En efecto.

—¿Y qué? Lo que está, por el contrario, en algo diferente, ¿no es necesario que jamás esté en lo mismo? Y, si no está jamás en lo mismo, ¿no es necesario que no esté en reposo? Y, al no hallarse en reposo, ¿que se mueva?

—Así es.

—En consecuencia, lo uno está necesariamente siempre él mismo en sí mismo y en algo diferente, y siempre se mueve y está siempre en reposo.

—Eso parece.

—También es necesario que sea lo mismo que él b
mismo y diferente de sí mismo y, del mismo modo, que sea tanto lo mismo que otras cosas como diferentes de ellas, si es que tiene las afecciones antes señaladas [109].

—¿Cómo?

—Toda cosa tiene con toda otra la siguiente relación: o bien es lo mismo, o bien es diferente; y, si no es ni lo mismo ni diferente, será una parte de aquello con lo que está relacionada, o bien se comportará como en todo en relación con la parte.

—Eso parece.

—¿Lo uno, entonces, es él mismo una parte de sí mismo?

—De ningún modo.

---

[109] Cf. 139b ss.

—Ni tampoco tendrá, respecto de sí mismo, relación de todo a parte, de sí mismo como todo a sí mismo como parte.

—No es posible, en efecto.

c —¿Lo uno es, entonces, diferente de lo uno?

—No, claro que no.

—En consecuencia, tampoco será diferente de sí mismo.

—No, en efecto.

—Si, pues, no es diferente de sí mismo ni es, él mismo, ni todo ni parte respecto de sí mismo, ¿no resulta necesario que sea él mismo lo mismo que él mismo?

—Es necesario.

—¿Y qué? Lo que estando en lo mismo consigo mismo, está en otra cosa diferente de sí mismo, ¿no es necesario que sea él mismo diferente de sí mismo, ya que está también en otro sitio diferente?

—A mí, al menos, me lo parece.

—Así pues, tal se nos presenta, ocurre con lo uno: está él mismo en sí mismo y, a la vez, en algo diferente.

—Tal parece, en efecto.

—En consecuencia, por tal motivo, lo uno será, al parecer, diferente de sí mismo.

d —Parece.

—¿Y qué, pues? Si algo es diferente de otra cosa, ¿no será diferente de lo que es diferente?

—Es necesario.

—En consecuencia, todas las cosas que no son lo uno, ¿son todas ellas diferentes de lo uno, y lo uno, diferente de todas las cosas que no son uno?

—¿Cómo no?

—Por lo tanto, lo uno será diferente de los otros.

—Diferente.

—Fíjate ahora. Lo mismo en sí y lo diferente, ¿no son contrarios entre sí?

—¿Cómo no?

—Y, por lo tanto, ¿consentirá lo mismo estar alguna vez en lo diferente, y lo diferente en lo mismo?

—No lo consentirá.

—Si, pues, la diferencia jamás está en lo mismo, no habrá ninguna cosa en la que lo diferente esté por algún tiempo; en efecto, si lo diferente estuviera en alguna cosa, *e*
cualquiera que fuera ésta, durante un tiempo, él estaría en lo mismo. ¿No es así?

—Así es.

—Entonces, dado que jamás está en lo mismo, lo diferente jamás está en alguna de las cosas que son.

—Es verdad.

—En consecuencia, lo diferente no estará ni en las cosas que no son uno ni en lo uno.

—No, claro que no.

—Por lo tanto, no es por lo diferente por lo que lo uno será diferente de las cosas que no son uno, ni por lo que las cosas que no son uno serán diferentes de lo uno.

—No, en efecto.

—Pero tampoco por sí mismos serán recíprocamente diferentes, dado que no participan de lo diferente. 147*a*

—¿Cómo podrían serlo por sí mismos?

—Y si no son diferentes ni por sí mismos ni por lo diferente, ¿no se les escaparía ya por completo la posibilidad de ser diferentes entre sí?

—Se les escaparía.

—Pero, además, las cosas que no son uno tampoco participan de lo uno, porque, en tal caso, no serían no uno, sino que serían uno en algún modo.

—Es verdad.

—Por lo tanto, las cosas que no son uno tampoco serán un número, porque, si tuvieran un número, no serían absolutamente no uno [110].

—No, en efecto.

—¿Y qué? ¿Las cosas que no son uno son, entonces, partes de lo uno? ¿Podrían así participar de lo uno las cosas que no son uno?

—Podrían participar.

—En consecuencia, si es de este modo absoluto como
b éste es uno y las cosas no son uno, lo uno no será una parte de las cosas que no son uno ni será un todo del que serían partes las cosas que no son uno; ni, a su vez, las cosas que no son uno serán partes de lo uno, ni todos de los cuales lo uno sería una parte.

—Por supuesto que no.

—Pero dijimos antes [111] que las cosas que no son partes ni todos ni diferentes entre sí, tendrán que ser las mismas unas que otras.

—Lo dijimos, en efecto.

—¿Diremos también, entonces, que la relación que guarda lo uno con las cosas que no son uno consiste en que es lo mismo que ellas?

—Lo diremos.

—Lo uno, pues, según parece, es tanto diferente de las demás cosas como de sí mismo, y es lo mismo que ellas y que él mismo.

—Eso es lo que parece desprenderse del argumento.

c —Ahora bien, ¿es lo uno tanto semejante como desemejante a sí mismo y a los otros? [112].

---

[110] No pueden ser un número, porque el número está concebido como un conjunto de unidades, de «unos».

[111] Cf. 146b-c.

[112] Cf. 139e ss.

—Tal vez.

—Dado que se nos presentó diferente de los otros, también los otros tendrán que ser diferentes de él.

—¿Cómo no?

—En consecuencia, ¿es diferente de los otros en la misma medida en que los otros lo son de él, y ni más ni menos?

—¿Y qué?

—Si, pues, no es diferente ni más ni menos, lo será de modo semejante.

—Sí.

—Por lo tanto, en la medida en que tiene la afección de ser diferente de los otros, y los otros, la de ser diferentes de él, en esa medida tendrían la misma afección, lo uno respecto de los otros y los otros respecto de lo uno [113].

—¿Qué quieres decir?

—Esto: ¿no aplicas cada uno de los nombres a algo? *d*

—Eso creo, al menos.

—¿Y, entonces, podrías decir muchas veces el mismo nombre o una sola?

—Muchas, por cierto.

—Pero, ¿si lo dices una sola vez designas a aquello a lo cual pertenece el nombre, y si, en cambio, lo dices

---

[113] Sobre este pasaje, cf. J. Celarier, «Note on Plato's *Parmenides* 147c», *Mind* LXIX (1960), 273, pág. 91: el argumento no sólo es válido, sino que señala una interesante consecuencia lógica que Platón ha visto muy bien (se enfrenta con este problema en *Filebo* 12e ss.). Lo uno es diferente de los otros y los otros son diferentes de lo uno, y, puesto que son diferentes uno de otros en la misma manera, ellos son semejantes. Tienen una propiedad común y, por eso —según 139e—, son semejantes. Parménides indica una propiedad común entre lo uno y los otros y concluye que son semejantes. El argumento, contra lo que sostiene Robinson, no encierra una falacia. Una interpretación del todo diferente de ésta la defiende Peck (II, págs. 44-45).

muchas veces, ya no designas a quello? ¿O bien, ya pronuncies el mismo nombre una sola vez o muchas, sí designas siempre, con toda necesidad, a lo mismo?

—Sí, en efecto.

—¿Y qué? ¿No es también «diferente» un nombre que se aplica a algo?

—En efecto.

e —En consecuencia, cuando lo pronuncias, sea una vez, sea muchas, no se lo aplicas ni lo usas para nombrar a ninguna otra cosa más que a aquella a la que pertenece el nombre.

—Es necesario.

—Cuando decimos, pues, que las otras cosas son diferentes de lo uno y que lo uno es diferente de las otras cosas, al decir dos veces «diferente» no designamos a ninguna otra cosa más que a aquella naturaleza a la cual pertenece ese nombre.

—Sí, en efecto.

—En la medida, entonces, en que lo uno es diferente
148a de las otras cosas y las otras cosas son diferentes de lo uno, por tener ambos la misma afección, lo diferente, lo uno tendrá la misma afección que las otras cosas y no otra afección diferente. Pero lo que tiene la misma afección es semejante, ¿no es así?

—Sí.

—En la medida en que lo uno tiene la afección de ser diferente de las otras cosas, será, según esta misma afección, todo él semejante a todas las otras cosas; ya que todo él es diferente de ellas todas.

—Así parece.

—Pero lo semejante es contrario de lo desemejante.

—Sí.

—Y lo diferente es también contrario de lo mismo.

—También esto.

—Pero también esto quedó claro: que lo uno es lo mismo que los otros. b

—Sí, eso quedó claro.

—Pero, ser lo mismo que los otros es la afección contraria a ser diferente de los otros.

—En efecto.

—Y, además, en la medida en que lo uno era diferente, se mostró semejante.

—Sí.

—Y en la medida, entonces, en que es lo mismo, será desemejante, como resultado de la afección contraria a la afección que lo hace semejante. ¿Lo que lo hacía semejante no era, acaso, lo diferente?

—Sí.

—Lo mismo lo hará, pues, desemejante, o no será contrario a lo diferente.

—Parece. c

—En consecuencia, lo uno será semejante y desemejante a las otras cosas; en tanto es diferente, será semejante, y, en tanto es lo mismo, será desemejante.

—En efecto, tal resulta la relación que tiene.

—También, por cierto, tiene esta otra.

—¿Cuál?

—En la medida en que tiene la afección de lo mismo, no tiene la afección de lo diverso, y, al no estar afectado por lo diverso, no es desemejante; pero si no es desemejante, es semejante. En la medida, en cambio, en que está afectado por lo otro, será diverso, y, siendo diverso, será desemejante [114].

---

[114] Traduzco *alloîon* por «diverso». En griego hay un parentesco estrecho entre *alloîon* y *állo* «otro», difícil de mantener en castellano.

—Dices la verdad.

—En consecuencia, lo uno, por ser lo mismo que las otras cosas y porque es diferente de ellas, será, conforme a ambas afecciones y a cada una de ellas por separado,
d tanto semejante como desemejante a las otras cosas.

—En efecto.

—Y del mismo modo, en consecuencia, ya que se mostró tanto diferente de sí mismo cuanto lo mismo que sí mismo, conforme a ambas afecciones y a cada una de ellas por separado, ¿se mostrará tanto semejante como desemejante a sí mismo?

—Es necesario.

—¿Y qué, pues? A propósito de si está en contacto consigo mismo y con los otros o si no lo está, examina cuál es el caso.

—Lo examino.

—Lo uno se nos mostró estando él mismo en sí mismo como en un todo [115].

—Es cierto.

—¿Lo uno está, entonces, también en las otras cosas?

—Sí.

—En la medida, pues, en que está en las otras cosas,
e estará en contacto con las otras cosas; pero, en la medida en que está él mismo en sí mismo, estará privado del contacto con las otras cosas; estará en contacto consigo mismo, por estar en sí mismo.

—Así es.

—Así pues, lo uno estará en contacto tanto consigo mismo como con las otras cosas.

—Estará en contacto.

—¿Y qué me dices sobre lo siguiente? ¿Acaso todo lo que va a tener contacto con algo no debe estar situado

[115] Cf. 145e.

en las inmediaciones de aquello con lo que va a tener contacto, ocupando la ubicación contigua a aquella en la que se halla la cosa con la que tiene contacto?

—Es necesario.

—En consecuencia, lo uno, si va a tener contacto consigo mismo, debe estar situado en las inmediaciones de sí mismo, ocupando la ubicación contigua a aquella en la que él mismo está [116].

—Es necesario, en efecto.

—Pero lo uno podría hacer tales cosas y llegar a 149*a*
estar simultáneamente en dos lugares, si fuese dos; pero, mientras sea uno, eso no lo consentirá, ¿no es cierto?

—No, por supuesto que no.

—En consecuencia, la misma necesidad por la cual lo uno no puede ser dos le impide tener contacto consigo mismo.

—La misma, sí.

—Pero tampoco estará en contacto con las otras cosas.

—¿Por que?

—Porque, afirmamos, lo que va a tener contacto, estando separado, debe hallarse en las inmediaciones de aquello con lo cual tendrá contacto, sin que haya entre ellos, en el medio, ningún tercero.

—Es verdad.

—En consecuencia, es necesario que haya, como mínimo, dos términos para que pueda darse un contacto.

—Es necesario.

—Pero, si a esos dos términos se les añade, a continuación, un tercero, los términos serán tres y los contactos *b*
serán dos.

[116] Todo contacto supone que haya separación (*chōrís*) entre los términos; se trata de un contacto entre discontinuos. Cf. las definiciones de Aristóteles en *Física* V 3, 226b-227a, y nn. *ad loc.* de Diès y de Allen.

—Sí.

—De este modo, siempre que se añade una unidad, se añade siempre también un contacto, y de ello se sigue que los contactos serán inferiores por uno a la suma numérica de los términos [117]. En efecto, así como los dos primeros términos excedían a los contactos por ser su número mayor que el de los contactos, así también, en igual medida, la suma numérica de los términos excederá a la suma de todos los contactos; puesto que, cuando en lo sucesivo,
c se añada uno al número, se añadirá simultáneamente un contacto a los contactos.

—Es cierto.

—Así, sea cual fuere el número de las cosas que son, sus contactos serán siempre menores que ellos por uno.

—Es verdad.

—Pero, si hay sólo uno y no hay dos, no habrá contacto.

—¿Cómo lo habría?

—Sin duda alguna, afirmamos, las cosas otras que lo uno ni son uno ni participan de él, dado que son otras.

—No, por supuesto.

—En consecuencia, no hay número en las otras cosas, dado que lo uno no está en ellas [118].

—¿Cómo lo habría?

—En consecuencia, las otras cosas no son ni uno ni
d dos ni tienen el nombre de ningún otro número [119].

—No.

---

[117] Las nociones de términos e intervalos han sido tomadas de la teoría matemática de las series tanto por la música (*Filebo* 17d) como por la silogística (Aristóteles, *An. pr.* 26b21). Cf. n. *ad loc.* de Diès.

[118] Cf. n. 110.

[119] Cf. 147a, y n. *ad loc.* de Allen.

—Por lo tanto, sólo lo uno es uno y no podrá haber dualidad.

—Parece que no.

—No habiendo dos, no hay contacto.

—No lo hay.

—En consecuencia, ni lo uno está en contacto con las otras cosas ni las otras cosas con lo uno, puesto que no hay contacto.

—No, en efecto.

—Así pues, de acuerdo con todo esto, lo uno está en contacto y no está en contacto tanto con las otras cosas como consigo mismo.

—Parece.

—Ahora bien, ¿será igual y desigual tanto a sí mismo como a las otras cosas? [120].

—¿Cómo?

—Si lo uno fuera más grande que las otras cosas o
más pequeño, o si, de su lado, las otras cosas fueran *e*
más grandes o más pequeñas que lo uno, ¿no es cierto que no es por ser uno lo uno, y otras que lo uno las otras cosas, es decir, debido a sus propios seres, que serían más grandes o más pequeños entre sí? Pero si, además de ser tales como son, cada uno tuviera igualdad, serían iguales entre sí; y si las otras cosas tuvieran grandeza y lo uno pequeñez, o, a la inversa, lo uno grandeza y las otras cosas pequeñez, entonces, ¿cualquiera de esas dos Formas a la que se añadiese la grandeza sería más grande y aquella otra a la que se añadiese la pequeñez, más pequeña?

—Necesariamente.

—Por lo tanto, ¿hay estas dos Formas, la grandeza y la pequeñez? Porque, en efecto, si ellas dos no fueran,

---

[120] Cf. 140b-e.

150a no serían contrarias entre sí y no se darían en las cosas que son.

—¿Cómo podrían darse?

—Por lo tanto, si en lo uno se diese la pequeñez, ella estaría o bien en todo él, o bien en una parte de él [121].

—Es necesario.

—¿Y qué sucedería si se diese en todo él? ¿No es cierto que estaría por igual que lo uno, extendida en todo él, o bien lo comprendería [122]?

—Es del todo evidente.

—Pero, ¿al estar extendida por igual que lo uno, la pequeñez sería igual a lo uno y, si lo comprendiese, sería más grande?

—¿Cómo no?

—¿Es, entonces, posible que la pequeñez sea igual a algo o más grande que algo y que cumpla las funciones
b de la grandeza y de la igualdad, pero no las suyas propias?

—Es imposible.

—En consecuencia, la pequeñez no estará en lo uno como un todo, sino que, si está en él, estará en una parte de él.

—Sí.

—Pero no en la totalidad de esa parte; de lo contrario, actuaría de la misma manera que respecto del todo: sería igual o más grande que la parte en la que siempre estuviese.

—Es necesario.

—En consecuencia, la pequeñez no estará en ninguna de las cosas que son, ya que no se da ni en una parte ni en el todo; y nada será pequeño, salvo la pequeñez misma.

---

[121] Cf. 131a-e.

[122] Cf. n. 107.

—Parece que no.

—En consecuencia, tampoco la grandeza estará en lo uno; porque, en tal caso, habría otra cosa más grande *c* que la grandeza misma y además de ella, a saber, aquello en lo cual estaría la grandeza, y éste no tendría nada pequeño a lo que debería exceder, desde el momento en que es grande. Pero esto es imposible, puesto que la pequeñez no está en nada.

—Es verdad.

—Además, la grandeza en sí no es más grande que ninguna otra cosa, sino que la pequeñez en sí, ni la pequeñez es más pequeña que ninguna otra cosa, sino que la grandeza en sí [123].

—No, en efecto.

—En consecuencia, las otras cosas, al no tener ni grandor ni pequeñez, no son más grandes que lo uno ni son más pequeñas, y no es respecto de lo uno en relación con *d* lo que ellas dos tienen la capacidad de exceder y de ser excedidas, sino sólo recíprocamente. Tampoco lo uno, de su lado, podría ser más grande que ambas ni que las otras cosas, ni tampoco más pequeño, al no tener ni grandeza ni pequeñez [124].

—Parece que no.

—Si lo uno, entonces, no es ni más grande ni más pequeño que las otras cosas, ¿es necesario que él no las exceda ni sea excedido por ellas?

—Es necesario.

—Por lo tanto, lo que no excede ni es excedido, hay gran necesidad de que sea por igual, pero si es por igual, es igual.

---

[123] Cf. 133c-e.

[124] Este argumento recuerda el desarrollo en 133b ss., que lleva a la incognoscibilidad de las formas.

—¿Cómo no?

e —Y, sin embargo, también lo uno se relaciona él mismo consigo mismo de este modo: al no tener en sí mismo ni grandeza ni pequeñez, ni será excedido por él mismo ni se excederá a sí mismo, sino que, al ser por igual, será igual a sí mismo.

—Sí, en efecto.

—En consecuencia, lo uno será igual tanto a sí mismo como a las otras cosas.

—Así parece.

—Además, al estar él en sí mismo [125], también esta-
151a ría desde fuera en torno a sí mismo y, al comprenderse, sería más grande que sí mismo y, por ser comprendido, más pequeño, y, de ese modo, lo uno sería él mismo más grande y más pequeño que él mismo.

—Lo sería, en efecto.

—¿Y no es también esto necesario: que nada haya fuera de lo uno y de las otras cosas?

—¿Cómo no?

—Pero, sin embargo, es necesario que lo que siempre es esté en algún sitio [126].

—Sí.

—¿Lo que está en algo será más pequeño que aquello más grande en lo que está? Pues no hay otro modo de que una cosa esté en otra.

—No, en efecto.

—Pero, puesto que no hay nada diferente aparte de las otras cosas y de lo uno, y, puesto que ellos deben estar en algo, ¿no es justamente necesario que estén unos en otros, las otras cosas en lo uno y lo uno en las otras cosas,
b o que no estén en ningún sitio?

[125] Cf. 145b-c.

[126] Cf. 145d-e.

—Eso resulta.

—En consecuencia, si lo uno está en las otras cosas, las otras cosas serán más grandes que lo uno, puesto que lo comprenden, y lo uno será más pequeño que las otras cosas, puesto que es comprendido; si las otras cosas están en lo uno, según el mismo razonamiento, lo uno sería más grande que las otras cosas y las otras cosas más pequeñas que lo uno.

—Parece.

—En consecuencia, lo uno es igual y es más grande y más pequeño que él mismo y que las otras cosas.

—Así parece.

—Pero, si es más grande y más pequeño e igual, será de iguales medidas y de más y de menos medidas que él
mismo y que los otros [127]; y si de medidas, también de c
partes.

—¿Cómo no?

—En consecuencia, al ser de medidas iguales y de más y de menos medidas, tendría que ser numéricamente menor y mayor que él mismo y que las otras cosas y, por la misma razón, igual a sí mismo y a las otras cosas.

—¿Cómo?

—Será de más medidas que aquellas cosas de las que es más grande, y, de cuantas medidas, también de tantas partes; y, respecto de aquellas cosas de las que es menor, sucederá otro tanto, así como respecto de aquellas de las que es igual.

—Así es.

—¿Y al ser mayor y menor e igual a sí mismo, sería
de iguales y de más y de menos medidas y, puesto que d
de medidas, también de partes?

---

[127] Cf. 140b-d. Según MOREAU (n. *ad loc.*), la conclusión precedente, establecida por vía puramente *lógica,* va a ser aplicada al tamaño *numérico.*

—¿Cómo no?

—Siendo, pues, de iguales partes que él mismo, será igual a sí mismo en cantidad, y, siendo de más partes, más numeroso, y, siendo de menos partes, numéricamente menor que él mismo.

—Así parece.

—¿Y también, respecto de las otras cosas, lo uno se comportará del mismo modo? ¿Porque se presenta más grande que ellas, es necesario que también sea numéricamente mayor que ellas; porque es más pequeño, que sea numéricamente menor que ellas; porque es igual en grandeza, igual también en cantidad a las otras cosas?

—Es necesario.

—Así pues, al parecer, también lo uno será numéri-
e camente igual y mayor y menor que él mismo y que las otras cosas.

—Lo será.

—Ahora bien. ¿Lo uno también participa del tiempo, y, al participar del tiempo, es y llega a ser él mismo más joven y más viejo que él mismo y que las otras cosas, y ni más joven ni más viejo que él mismo ni que las otras cosas?

—¿Cómo?

—Sin duda, le corresponde [128] ser, puesto que es uno.

—Sí.

—¿Pero "es" es alguna otra cosa más que participa-
152*a* ción del ser [129] en tiempo presente, así como "era" lo

---

[128] *hypárchei* «le corresponde», en el sentido de que recibe como predicado el *eînai,* el «es».

[129] *ousía.* En este pasaje, Platón, al parecer, utiliza el infinitivo *eînai* para significar el predicado «ser», y el sustantivo *ousía* para designar al hecho de ser.

es del ser en tiempo pasado y, de su lado, "será" es una comunidad [130] con el ser en el tiempo por venir?

—Eso es, en efecto.

—En consecuencia, participa del tiempo, dado que participa del ser [131].

—En efecto.

—¿Y del tiempo que va transcurriendo?

—Sí.

—En consecuencia, siempre está llegando a ser más viejo que él mismo, si es que avanza de acuerdo con el tiempo.

—Es necesario.

—¿Y recordamos que lo más viejo llega a ser más viejo respecto de lo que llega a ser más joven?

—Lo recordamos [132].

—Y dado que lo uno llega a ser más viejo que él mismo, ¿llegará a ser más viejo que algo, él mismo, que llega a ser más joven? *b*

—Es necesario.

—Así pues, llega a ser más viejo y más joven que él mismo.

—Sí.

—Pero, ¿acaso no es más viejo cuando está llegando a ser más viejo en el ahora del tiempo, intermedio entre el "fue" y el "ser"? Pues, al avanzar desde un antes a un después, no podrá saltarse el ahora.

—No, en efecto.

—Pero, ¿no cesa de llegar a ser más viejo en el momento en que alcanza el ahora, y ya no llega a ser *c*

---

[130] *koinōnía,* usado como sinónimo de «participación». Ambos términos están expresamente acercados en *Fedón* 100c-d.

[131] *eînai.*

[132] Cf. 141b-c.

entonces más viejo, sino que es más viejo? Porque, si prosiguiera, no sería nunca apresado por el ahora; lo que prosigue, en efecto, es tal que se mantiene en contacto con ambos momentos a la vez, con el ahora y con el después, soltando el ahora y atrapando el después, llegando a ser en el intermedio de ambos, del después y del ahora.

—Es verdad.

—Si es necesario que todo lo que está llegando a ser
d no se salte el ahora, siempre que esté en éste cesa de llegar a ser y es entonces aquello que, precisamente, está llegando a ser.

—Es manifiesto.

—En consecuencia, lo uno, cuando por estar llegando a ser más viejo alcanza el ahora, cesa de llegar a ser más viejo y es entonces más viejo.

—Sí, efectivamente.

—Aquello, pues, respecto de lo cual llegaba a ser más viejo, respecto de eso mismo es también más viejo; pero, ¿llegaba a ser más viejo que él mismo?

—Sí.

—¿Y lo más viejo es más viejo que lo más joven?

—Lo es.

—En consecuencia, lo uno es también más joven que él mismo, en el momento en que, en su llegar a ser más viejo, alcanza el ahora.

—Es necesario.

e —El ahora, sin embargo, siempre le está presente a lo uno a través de todo su ser, porque, cuando es, es siempre ahora.

—¿Cómo no?

—En consecuencia, lo uno es y llega a ser siempre más viejo y más joven que él mismo.

—Así parece.

—Pero, ¿es o llega a ser él mismo por más tiempo que él mismo o por igual tiempo?

—Por igual tiempo.

—Pero si llega a ser por igual tiempo, tiene la misma edad.

—¿Cómo no?

—Y lo que tiene la misma edad no es ni más viejo ni más joven.

—No, en efecto.

—En consecuencia, lo uno, al llegar a ser por igual tiempo que él mismo, no es ni llega a ser más joven ni más viejo que él mismo.

—No, creo yo.

—¿Y qué? ¿Qué pasa con las otras cosas?

—No sé qué decir.

—Esto, al menos, puedes decirlo: que las cosas otras 153*a*
que lo uno, dado que son diferentes y no diferente [133],
son más que uno; pues, si fuesen una cosa diferente, serían uno, pero, al ser diferentes, son más que uno y tendrán pluralidad.

—La tendrán, en efecto.

—Pero, si son una pluralidad, participarán de un número mayor que uno.

—¿Cómo no?

—¿Y qué? De los números, ¿diremos que se originan o se han originado primero los mayores o los menores?

—Los menores.

—En consecuencia, el primero es el menor de todos;
y éste es lo uno, ¿no es cierto? *b*

—Sí.

---

[133] Las otras cosas, dado que son una pluralidad, son *diferentes,* en plural, y no *diferente,* en singular, y, en consecuencia, son más de uno.

—En consecuencia, lo uno fue lo primero que se originó entre todas las cosas que tienen número; pero también todas las otras cosas tienen número, dado que son otras y no otro.

—Lo tienen, en efecto.

—Pero yo creo que, al ser el primero en originarse, se originó con anterioridad y las otras cosas con posterioridad, pero las cosas que se originaron posteriormente son más jóvenes que lo que se originó con anterioridad; y, así, las otras cosas serán más jóvenes que lo uno y lo uno más viejo que las otras cosas.

—Lo será, en efecto.

—¿Y qué me dices de esto? ¿Lo uno podría haberse
c originado contra su propia naturaleza? ¿O ello es imposible?

—Imposible.

—Ahora bien, se nos ha mostrado [134] que lo uno tiene partes y, si tiene partes, también principio, fin y medio.

—Sí.

—¿Y en todas las cosas, no es su principio lo que se origina [135] primero, tanto en el uno mismo como en cada una de las otras cosas, y, después del principio, todas las demás cosas, hasta llegar al término?

—¿Y qué?

—¿Y diremos que todas esas otras cosas son partes del todo y de lo uno y que éste mismo se origina simultáneamente con el fin, como uno y como todo?

—Lo diremos, en efecto.

---

[134] Cf. 142c-143a.

[135] *gígnetai.* El verbo es el mismo que he traducido habitualmente por «llegar a ser». En este pasaje esta traducción no resultaría la más adecuada en castellano.

—Pero el fin —creo yo— es lo último que se origina, y simultáneamente con él, por su naturaleza, se origina lo uno. En consecuencia, si necesariamente lo uno no se origina él mismo contra su propia naturaleza, si es lo último entre todas las cosas en originarse, simultáneamente con el fin, se originará conforme a su propia naturaleza. *d*

—Es manifiesto.

—En consecuencia, lo uno es más joven que las otras cosas, y las otras cosas son más viejas que lo uno.

—Así resulta, al menos para mí.

—¿Y qué, entonces? ¿El principio o cualquier otra parte de lo uno o de cualquier otra cosa, si es parte y no partes, no es necesariamente uno, dado que es parte? [136].

—Necesariamente.

—Por lo tanto, lo uno tendrá que originarse simultáneamente con lo que primero se origina, y simultáneamente, también, con lo que se origina en segundo término, y no está ausente de ninguna de las otras cosas que se *e*
originan [137]; pues a todas, sean las que fuere, les adviene, hasta que, transcurriendo hasta el extremo último, llega a ser un todo uno, no habiendo estado ausente, en la generación, ni en el medio, ni en lo primero, ni en el extremo último ni en ninguna otra cosa.

—Es verdad.

—En consecuencia, lo uno tiene la misma edad que todas las otras cosas. De ahí que, si lo uno no surge contrariando su naturaleza propia, no podría haberse originado ni con anterioridad ni con posterioridad a las otras cosas, sino simultáneamente con ellas; y, según este ra- *154a*
zonamiento, lo uno no será ni más viejo ni más joven que

[136] Cf. 144c.

[137] Cf. 144e.

las otras cosas, ni las otras cosas que lo uno. Pero, según el razonamiento precedente, lo uno es más viejo y más joven, y las otras cosas, igualmente, respecto de lo uno.

—Sí, efectivamente.

—Tal es la condición de lo uno y así se ha originado. Pero, ¿qué decir, a su vez, acerca de que lo uno llega a ser más viejo y más joven que las otras cosas y las otras cosas, que lo uno, y que no llega a ser ni más joven ni más viejo que ellas, ni ellas que él? Acaso ocurre con el llegar a ser lo mismo que sucede en el caso del ser o bien algo diferente?

b —No sé qué decir.

—Yo, por lo menos, puedo decir esto: si una cosa es más vieja que otra, no le será posible llegar a ser aún más vieja en una medida que supere su diferencia de edad inicial inmediata a su nacimiento, y, a su vez, lo que es más joven no podrá llegar a ser más joven; en efecto, si a cantidades desiguales se le añaden cantidades iguales, trátese de tiempo o de cualquier otra cosa, se logrará que tengan siempre igual diferencia que la que tenían al principio.

—¿Y cómo no?

—En consecuencia, lo que es jamás podrá llegar a ser ni más viejo ni más joven que ninguna otra cosa que es [138], si tiene siempre igual diferencia de edad; es y ha llegado a ser más viejo, y el otro, más joven, pero no está llegando a serlo.

---

[138] *oudenòs óntos*. Sigo en este pasaje, difícil y discutido, la lectura de Diès, adoptada por Moreau, Zadro y Agoglia. Las otras lecturas son también posibles. Según la de Burnet, seguida por Cornford, *toû* [*henòs*] *óntos,* el texto diría: «no podría llegar a ser más viejo ni más joven que lo que es (más joven o más viejo)». Si leemos, en cambio, como lo hace Allen, siguiendo a Brumbaugh, *toû henòs óntos,* el texto diría: «no podría llegar a ser más viejo ni más joven que lo uno que es».

—Es verdad. *c*

—En consecuencia, también lo uno, que es, no llega jamás a ser ni más viejo ni más joven que las otras cosas que son.

—No, claro que no.

—Fíjate ahora si es de la siguiente manera que llegan a ser más viejos y más jóvenes.

—¿De cuál manera?

—De ésta: lo uno se nos mostró más viejo que las otras cosas y las otras cosas más viejas que lo uno.

—¿Y qué?

—Dado que lo uno es más viejo que las otras cosas, llegó a ser, sin duda, por más tiempo que las otras cosas. *d*

—Sí.

—Vuelve ahora a examinar. Si a un tiempo mayor y a uno menor le añadiéramos igual tiempo, ¿el tiempo mayor diferirá del menor por una porción igual o por una más pequeña?

—Por una más pequeña [139].

—En consecuencia, la diferencia de edad que en un principio tenía lo uno con las demás cosas ya no será la que hay en el momento siguiente, sino que, al tomar lo uno igual tiempo que las otras cosas, la diferencia de edad que tendrá con ellas será siempre menor que anteriormente. ¿O no?

—Sí.

—En consecuencia, lo que tiene, respecto de algo, una diferencia de edad menor que la que tenía antes,

[139] Cf. n. *ad loc.* de Diès: por el empleo ambiguo de la palabra «diferir», Platón transforma en sofisma este teorema: si a es más grande que b, 1.°) la diferencia $(a+x)$—$(b+x)$ permanece constantemente igual a a—b; 2.°) la relación $\frac{a+x}{b+x}$ va disminuyendo y tiende hacia *1* cuando x crece indefinidamente.

e ¿no llegará a ser más joven que lo que era antes, respecto de aquellas cosas de las que era antes más viejo?

—Más joven, sí.

—Pero si él llega a ser más joven, ¿no llegarán a ser, a su vez, aquellas otras cosas, respecto de lo uno, más viejas que anteriormente?

—Sí, en efecto.

—En consecuencia, lo que llegó a ser más joven [140] lle-
ga a ser más viejo respecto de lo que llegó a ser anterior-
mente y que es más viejo, pero lo más joven de ningún
modo es más viejo, sino que llega a ser siempre más viejo
que lo que llegó a ser antes; lo más viejo, en efecto, avan-
za hacia lo más joven, y éste, en cambio, hacia lo más viejo.
155a Y, a su vez, lo más viejo llega a ser, del mismo modo,
más joven que lo más joven. En efecto, al avanzar ambos
hacia su contrario, ambos llegan a ser lo contrario uno
de otro: lo más joven, más viejo que lo más viejo, y lo
más viejo, más joven que lo más joven; pero no podrían
llegar al término de ese llegar a ser. Pues, si acabasen su
llegar a ser, ya no seguirían llegando a ser, sino que se-
rían [141]; pero ahora están llegando a ser más viejos y más
jóvenes unos que otros; lo uno llega a ser más joven que
b las otras cosas, porque se presenta como siendo más viejo
y habiendo llegado a ser anteriormente, y las otras cosas
se presentan como más viejas que lo uno, porque han lle-
gado a ser posteriormente. Según el mismo razonamiento,
también las otras cosas mantienen esta relación con lo uno,

---

[140] Cornford señala, en n. *ad loc.*, que el sentido parece requerir que leamos *tò mèn neṓteron ápa* ⟨*òn kaì hýsteron*⟩ *gegonós* «de este modo, lo que tiene que llegar a ser ⟨después y es⟩ más joven...»

[141] Hay en este pasaje un marcado contraste entre el «llegar a ser» (*gígnesthai*) y el «ser» (*eînai*).

puesto que se muestran más viejas que él y llegadas a ser anteriormente.

—En efecto, así se muestran.

—Ahora bien, en la medida en que ninguna cosa llega a ser más vieja que otra ni tampoco más joven, en razón de diferir siempre una de otra por un igual número, ni lo uno llegará a ser ni más viejo ni más joven que las otras cosas, ni las otras cosas que lo uno; pero, en la medida en que es necesario que las otras cosas llegadas a ser *c*
anteriormente difieran siempre de las llegadas a ser posteriormente, y las posteriores de las anteriores, ¿en tal medida es, por cierto, necesario que lleguen a ser más viejas y más jóvenes unas que otras, las otras cosas respecto de lo uno, y lo uno respecto de las otras cosas?

—Sí, en efecto.

—En verdad, según todos estos argumentos, lo uno es y llega a ser, él mismo, más viejo y más joven que él mismo y que las otras cosas, y no es ni llega a ser más viejo ni más joven que él mismo ni que las otras cosas.

—Absolutamente cierto.

—Pero, puesto que lo uno participa del tiempo y del llegar a ser más viejo y del llegar a ser más joven, ¿acaso *d*
no es necesario que participe también del antes y del después y del ahora, dado que participa del tiempo?

—Es necesario.

—En consecuencia, lo uno era, es y será y llegaba a ser y llega a ser y llegará a ser.

—¿Y qué?

—¿Y podrá haber algo para él y de él, algo que era, es y será para él y de él [142]?

—En efecto.

---

[142] Cf. 142a y n. 90.

—Y, en verdad, podrá haber de él ciencia, opinión y sensación, dado que también ahora nosotros ejercemos, a propósito de él, todos estos actos.

—Es cierto lo que dices.

—Y, en efecto, hay para él un nombre y un enunciado que le corresponden, y se lo nombra y se lo enuncia;
e y todo cuanto de este tipo se dé respecto de las otras cosas, también es posible respecto de lo uno.

—Es precisamente así como dices.

—Digámoslo ahora por tercera vez [143]: si lo uno es tal como lo ha exhibido nuestro examen, entonces, si él es uno y múltiple y ni uno ni múltiple, y si participa del

---

[143] Se inicia aquí —y se continúa hasta 157b— un desarrollo especial que, a manera de apéndice, completa el segundo argumento de la primera hipótesis. Toman a esta sección como apéndice, corolario o coda del segundo argumento, TAYLOR (pág. 361, n. 1), CORNFORD, AGOGLIA, RUNCIMAN (pág. 161), RYLE (pág. 120), PECK (I, pág. 143), CAPIZZI (pág. 98), K. JOHANSEN («The One and the Many», *Class. et Med.* 18 [1957], 14). ALLEN (pág. 185) lo considera la tercera deducción de la primera hipótesis. Se inclinan, en cambio, por considerar esta sección como tercera hipótesis —y a considerar, por lo tanto, que el total de las hipótesis es nueve y no ocho— DIÈS, MOREAU, ZADRO, E. WYLER («Two Recent Interpretations of Plato's *Parmenides*», *Inquiry* 6 [1963], 201, y «Platons *Parmenides* Form und Sinn», *Zeitsch. Philos. Forsch.* XVII [1963], 2, páginas 217-218). L. BRISSON provee argumentos de carácter filológico, apoyados en la informática y en la estadística léxica, para demostrar que este pasaje no constituye una tercera hipótesis que deba desprenderse de la segunda. Sostiene, pues, la división de la tercera parte del diálogo en ocho y no en nueve hipótesis y señala que esta división tiene importancia capital. La división en nueve permite considerar al texto como una expresión elaborada de una doctrina metafísica y mística de lo uno, defendida por neoplatónicos y sostenedores de la enseñanza esotérica de Platón. La división en ocho parece constituir la base para interpretaciones de tipo positivista, sea de orden histórico o lógico (J. BERTIER, L. BRISSON y otros, *Recherches sur la tradition platonicienne*, París, Vrin, 1977, páginas 9-29).

tiempo, ¿acaso no es necesario que, porque es uno, participe a veces del ser, y que, porque no lo es, a veces no participe del ser?

—Es necesario.

—¿Y será posible, entonces, que en el momento en que participa no participe, y que en el momento en que no participa, participe?

—No será posible.

—En consecuencia, en un tiempo participa y en otro tiempo no participa; éste sería, en efecto, el único modo en el que podría participar y no participar de lo mismo.

—Es cierto. 156a

—Y hay también un tiempo en el que toma parte[144] del ser y uno en el que se deshace de él. ¿O de qué modo le sería posible unas veces tener y otras veces, en cambio, no tener lo mismo, a menos que en un momento lo atrape y en otro lo suelte?

—No le sería posible de ninguna otra manera.

—Pero, ¿al tomar parte del ser no lo llamas "llegar a ser"?

—Yo sí, al menos.

—¿Y al deshacerse del ser, no lo llamas "perecer"?

—Sí, en efecto.

—Así pues, lo uno, al parecer, al tomar y al dejar el ser, llega a ser y perece.

—Es necesario. b

—Pero si es uno y múltiple y llega a ser y perece, ¿acaso no es cierto que cuando llega a ser uno deja de ser múltiple, y cuando llega a ser múltiple deja de ser uno?

—Sí, en efecto.

---

[144] *metalambánei.* Cf. 129a y n. 32.

—Y, si llega a ser uno y múltiple, ¿no es necesario que se disgregue y que se agregue?

—Muy necesario.

—¿Y cuando llega a ser desemejante y semejante, que se asemeje y que se desasemeje?

—Sí.

—¿Y cuando llega a ser mayor y menor e igual, que aumente, que disminuya y que se iguale?

—Así es.

c —Pero cuando, estando en movimiento, entra en reposo, y cuando, estando en reposo, pasa a moverse, es del todo necesario que él no esté en un único tiempo.

—¿Cómo?

—Estando primero en reposo, moverse después, y, estando primero en movimiento, estar después en reposo, son afecciones que no podría tener sin cambiar.

—¿Cómo podría tenerlas?

—Pero no hay ningún tiempo en el cual pueda simultáneamente ni moverse ni estar en reposo.

—No lo hay, en efecto.

—Pero tampoco cambia sin cambiar [145].

—No es verosímil.

—¿Cuándo cambia, entonces? Porque no cambia ni cuando está en reposo ni cuando se mueve, ni cuando está en el tiempo.

d —No, claro que no.

—¿Hay acaso esa cosa extraña en la que estaría en el momento en que cambia?

—¿Qué cosa?

---

[145] Cornford (pág. 200, n. 2) señala que es ésta una expresión extraña, sólo inteligible si suponemos que Platón pasa acá del significado común de *metalambánein* como «cambiar» al significado más estricto de «transición», de pasar de un estado a otro.

—El instante [146]. Pues el instante parece significar algo tal que de él proviene el cambio y se va hacia uno u otro estado. Porque no hay cambio desde el reposo que está en reposo ni desde el movimiento mientras se mueve. Esa extraña naturaleza del instante se acomoda entre el movimiento y el reposo, no estando en ningún tiempo; pero hacia él y desde él lo que se mueve cambia para *e*
pasar a estar en reposo, y lo que está en reposo cambia para moverse.

—Así parece.

—También lo uno, sin duda, si está en reposo y se mueve, tendrá que cambiar de uno a otro, pues sólo de ese modo podría realizar ambos estados; pero, al cambiar, cambia en el instante, y en el momento en que cambia no podrá hallarse en ningún tiempo, ni podrá moverse ni podrá estar en reposo.

—No, en efecto.

—¿Acaso esto mismo le sucede respecto de los otros cambios, y cuando cambia desde el ser al perecer o desde 157*a*
el no ser al llegar a ser, llega a ser en el intermedio de algunos tipos de movimiento y de reposo, y, entonces, ni es ni no es, ni llega a ser ni perece?

—Eso, al menos, parece.

—Siguiendo el mismo razonamiento, también al ir de lo uno a lo múltiple y de lo múltiple a lo uno, ni es uno ni múltiple, ni se disgrega ni se agrega; y al ir de lo semejante a lo desemejante y de lo desemejante a lo semejante, ni se asemeja ni se desasemeja; y al ir de lo pequeño a lo grande y a lo igual, y al ir en sentido inverso, no es *b*

---

[146] *exaíphnēs.* El instante o lo instantáneo como diferente del «ahora». El ahora está en el tiempo, mientras que el instante no. Cf. Aristóteles, *Física* 225b15 ss.

ni pequeño ni grande ni igual, ni podría aumentar, ni disminuir ni igualarse.

—No parece.

—Lo uno tendrá, pues, todas estas afecciones, si él es.

—¿Cómo no?

—¿Y no hay que examinar acaso qué afecciones les corresponderían a las otras cosas, si lo uno es?

—Hay que examinarlo.

—Digamos, pues, si lo uno es, qué afecciones deberán tener las cosas otras que lo uno.

—Digámoslo.

—Bien. Dado que hay cosas otras que lo uno, lo uno
c no es las otras cosas; pues, de lo contrario, no serían otras que lo uno.

—Es cierto.

—Pero, sin embargo, las otras cosas no están completamente privadas de lo uno, sino que de algún modo participan de él.

—¿De qué modo?

—Porque las cosas otras que lo uno son otras por tener partes; si, en efecto, no tuviesen partes, serían absolutamente un uno.

—Es cierto.

—Pero las partes —dijimos— son partes de aquello que es un todo [147].

—Lo dijimos, en efecto.

—Ahora bien, el todo debe ser un uno formado de múltiples, del cual serán partes las partes; pues cada una

[147] Esta afirmación podría haberse tomado como verdadera por definición: la parte es parte de un todo y el todo es aquello que no carece de ninguna parte (137c-d). Pero se recurre acá a una prueba indirecta, que viene a continuación, y cuya función es la de introducir la noción de multiplicidad, como diferente del todo y de la unidad.

de las partes debe ser necesariamente parte no de una multiplicidad sino de un todo.

—¿Cómo es eso?

—Si algo fuera parte de una multiplicidad en la cual él mismo estuviese, sería, sin duda, parte de sí mismo, *d* lo cual es imposible, y parte también de cada una de las otras cosas, si es que realmente lo es de todas; en efecto, si no fuera parte de uno, sería parte de las otras cosas salvo de ésta, y así no sería parte de cada una de ellas; pero, al no ser parte de cada una, no sería parte de ninguno de los múltiples. Y, al no ser parte de ninguno, le sería imposible ser algo, sea parte u otra cosa cualquiera, de todos esos términos, de ninguno de los cuales es nada [148].

—Sí, así parece.

—En consecuencia, la parte no es parte ni de la multiplicidad ni del conjunto de todos sus integrantes, sino de una cierta realidad [149] única y dc un algo uno a lo que llamamos "todo", que ha surgido como un uno acabado *e*

---

[148] Si x es parte de una multiplicidad, es parte de *todos* los miembros de esa multiplicidad. La multiplicidad no es un todo, y debe ser tomada distributivamente. Puesto que x es miembro de esa multiplicidad, si x es parte de la multiplicidad, tiene que ser parte de sí mismo, lo cual no es posible, y tiene que ser también parte de cada uno de los miembros de la multiplicidad, puesto que lo es de todos. Si no es parte de cada uno de los miembros de la multiplicidad, no lo es de la multiplicidad, y si no es parte de la multiplicidad, no es parte de ninguno de los miembros de ella. El argumento es similar al de 145c-d. Como señala ALLEN (pág. 267), la noción de una pluralidad sin totalidad implica una multitud de la cual nada puede ser parte. Por lo tanto, las cosas otras que la unidad no pueden ser partes de tal pluralidad.

[149] *idéa*. CORNFORD (pág. 207, n. 2) traduce por «entidad» e indica que el término *idéa* no tiene aquí el significado de «Forma» y que, si se lo toma así, se malinterpreta el pasaje. ALLEN, en cambio, traduce por «carácter» y afirma que la referencia es a la Idea de Totalidad (pág. 267).

a partir de todos los integrantes, y del cual la parte sería parte.

—Completamente de acuerdo.

—En consecuencia, si las otras cosas tienen partes, también participarán del todo y de lo uno.

—En efecto.

—Por lo tanto, las cosas otras que lo uno deben ser por necesidad un todo uno acabado que tiene partes.

—Es necesario.

—Y también a propósito de cada parte vale el mismo razonamiento: en efecto, es necesario que también cada
158a parte participe de lo uno; porque, si cada una de ellas es parte, el "cada una" significa, sin lugar a dudas, que es un uno, que se distingue de los otros, y que es por sí, si ha de ser "cada una"[150].

—Es cierto.

—Pero es evidente que participará de lo uno, porque es otra que lo uno; porque, de lo contrario, no participaría, sino que sería ella misma uno. Ahora bien, ser uno no le es posible sino a lo uno en sí.

—No le es posible.

—Y participar de lo uno le es necesario tanto al todo como a la parte. El todo, en efecto, será un todo uno, del cual son partes las partes. Y, a su vez, cada parte, en tanto es parte del todo, será una parte una del todo.

b —Así es.

—¿Pero las cosas que participan de lo uno no participarán de él siendo diferentes de él?[151].

---

[150] *hékaston*. Esta noción, aplicada a la parte, indica la unidad de cada parte, por el hecho de que la consideremos «cada una», y, además, que es diferente de las otras.

[151] H. Cherniss («The Relation of the *Timaeus* to Plato's later Dialogues», en Allen [ed.], *Studies...*, págs. 370-371) sostiene que, en este

—¿Cómo no?

—Pero las cosas que participan de lo uno son, sin duda, múltiples; pues, si las cosas otras que lo uno no fueran ni uno ni más que uno, no serían nada.

—No, en efecto.

—Y, puesto que son más que uno las cosas que participan del uno que es parte, así como las que participan del uno que es todo, ¿no es del todo necesario que aquellas cosas mismas que toman parte de lo uno sean una pluralidad ilimitada?

—¿Cómo?

—Veámoslo de este modo. ¿No es cierto que no son uno ni participan de lo uno, en el momento en que toman parte de él, las cosas que toman parte de él [152]?

---

pasaje, Platón distingue entre aserciones de identidad y de atribución; hay dos significados de «es *x*» (*x*, en este caso, es «uno»): 1) «tiene el carácter *x*», y 2) «es idéntico a *x*»; lo que es *x* en un sentido, no lo es en el otro; sólo lo que es *auto tó x* «es *x*» en el segundo sentido. Así, al decir que la idea de *x* es *x*, se significa que la idea de *x* y *x* son idénticos y que, por lo tanto, la idea de *x* no tiene el carácter *x*. Esto indica un rechazo, por parte de Platón, del carácter autopredicativo de las formas. G. Vlastos («Self-Predication and Self-Paricipation in Plato's Later Period», en *Platonic Studies*, Princeton Un. Press, 1981, páginas 335-341) acepta que acá Platón distingue el «es» de predicación del «es» de identidad, pero afirma, contra Cherniss, que algo que es *x* en un sentido puede serlo también en el otro. Lo que se dice en este pasaje es que si algo participa de lo uno, ese algo no puede ser idéntico a lo uno; no se dice que si algo tiene unidad no puede ser idéntico a lo uno. Los antecedentes de estos dos condicionales son proposiciones diferentes. Vlastos no cree que, en este texto, Platón sostenga que lo uno no puede tener unidad. Si las cosas otras que lo uno tienen unidad, ellas deben participar de lo uno, mientras que lo uno mismo puede tener unidad sin participar de sí mismo o de alguna otra forma. Sobre este pasaje, cf. también J. Clegg, «Self-Predication and Linguistic Reference in Plato's Theory of the Forms», *Phronesis* XVIII (1973), 1, págs. 30-31.

[152] Se advierte bien en este punto la diferencia de matiz entre *metéchein* y *metalambánein:* cuando comienzan a tomar parte (*metalambá-*

—Es evidente.

c —¿Y no son, pues, multiplicidades, en las que lo uno no está?

—Multiplicidades, por cierto.

—¿Y qué? Si de esas multiplicidades [153] quisiéramos sustraer mediante el pensamiento aquello más pequeño que nos sea posible, ¿no es necesario que eso que se ha sustraído, si no participa de lo uno, sea multiplicidad y no uno?

—Es necesario.

—Y si examinamos de este modo, en sí y por sí, a la naturaleza diferente de la Forma [154], cuanto de ella podamos ver, ¿no será siempre ilimitado en multiplicidad?

—Sí, sin ninguna duda.

—Sin embargo, una vez que cada parte, una por una,
d ha llegado a ser parte, tiene, cada una de ellas, en efecto, un límite respecto de las otras y respecto del todo, y así también tiene un límite el todo respecto de las partes.

—Ciertamente.

—Para las cosas otras que lo uno se sigue, entonces, que de la comunicación con la unidad y con ellas mismas, según parece, surgirá en ellas algo diferente, que provee el límite de las unas respecto de las otras; pero su naturaleza produce en ellas mismas una ilimitación [155].

---

nein) de lo uno, en ese momento las cosas ni son uno (es decir, ni tienen unidad ni son idénticas con lo uno) ni participan (*metéchein*) aún de lo uno; son, en consecuencia, sólo *pollá*.

[153] *plêthe:* multiplicidades o multitudes. El uso del plural se hace necesario, puesto que no hay en ellas ninguna unidad. Platón podría haber usado *plêthos,* en singular, pero elige el plural, precisamente, para borrar toda huella de singularidad, de unidad.

[154] Es decir, aquello que tiene las características diferentes a las que son propias de la Forma, que son, ante todo, la determinación y delimitación y el ser un principio unitario.

[155] Límite e ilimitación aparecen en *Filebo* 23c ss., 25d-26d.

—Eso parece.

—Así pues, las cosas otras que lo uno, como todos así como parte por parte, son ilimitadas y participan del límite.

—En efecto.

—Y bien, ¿son, además, semejantes y desemejantes *e*
entre sí y a sí mismas?

—¿En qué sentido?

—Porque en tanto todas ellas son ilimitadas conforme a su propia naturaleza, en tal sentido tendrán la misma afección [156].

—En efecto.

—Y en tanto todas ellas participan del límite, también en este sentido todas tendrán la misma afección.

—¿Cómo no?

—Y en cuanto tienen la afección de ser limitadas e ilimitadas, reciben estas afecciones que son afecciones contrarias entre sí.

—Sí. 159*a*

—Pero los contrarios son los términos más desemejantes posible.

—¿Y qué?

—En consecuencia, conforme con cada una de estas afecciones, serán semejantes tanto a sí mismas como entre sí, y, conforme con ambas afecciones juntas, serán las más contrarias y las más desemejantes.

—Eso parece.

—Así pues, las otras cosas serán, ellas mismas, tanto semejantes como desemejantes a sí mismas y entre sí.

—Así es.

—Y serán, además, las mismas y diferentes entre sí, y en movimiento y en reposo, y ya no nos resultará difícil

[156] Cf. 148a-e: semejante es lo que posee la misma afección.

hallar que las cosas otras que lo uno tienen todas las afecciones contrarias, ya que también éstas, según quedó en
b claro, eran sus afecciones.

—Tienes razón en lo que dices.

—Ahora bien, si dejamos ya estas consecuencias, por considerarlas evidentes, ¿podríamos examinar nuevamente, si lo uno es, si las cosas otras que lo uno se comportan sólo de este modo o bien de algún otro?

—Sí, claro que sí.

—Digamos, entonces, desde el comienzo, si lo uno es, qué debe acontecerle a las cosas otras que lo uno.

—Digámoslo.

—¿No está lo uno separado de las otras cosas, y las otras cosas, a su vez, separadas de lo uno?

—¿Por qué?

—Porque, sin duda, no hay junto a ellas algo diferente, algo otro que lo uno y otro que las otras cosas; pues se ha mencionado todo cuando se ha mencionado a
c lo uno y a las otras cosas.

—Todo, en efecto.

—Entonces, no hay aún algo diferente de éstos, estando en lo cual lo uno y las otras cosas estuvieran en lo mismo.

—No, no lo hay.

—En consecuencia, de ningún modo lo uno y las otras cosas están en lo mismo.

—No parece.

—¿Están separados, entonces?

—Sí.

—Pero, según dijimos [157], lo uno verdaderamente uno no tiene partes.

---

[157] Cf. 137c-d.

—¿Cómo las tendría?

—En consecuencia, lo uno no estará en los otros ni como un todo ni como partes de él, si está separado de las otras cosas y no tiene partes.

—¿Cómo podría estarlo?

—Por lo tanto, las otras cosas de ningún modo parti- *d*
ciparán de lo uno, ya que no participan ni de una parte de él ni de él como un todo.

—Parece que no.

—Luego, las otras cosas de ningún modo son uno, ni tienen en sí mismas ninguna unidad.

—No, en efecto.

—En consecuencia, las otras cosas tampoco son múltiples [158]; pues, si fueran múltiples, cada una de ellas, parte del todo, sería una; ahora bien, las cosas otras que lo uno no son uno ni múltiples, ni todo ni partes, puesto que de ningún modo participan de lo uno.

—Es cierto.

—Entonces, las otras cosas no son, ellas mismas, ni dos ni tres ni tienen a éstos en ellas, puesto que están *e*
totalmente privadas de lo uno.

—Así es.

—Las otras cosas tampoco son, ellas mismas, semejantes ni desemejantes a lo uno, ni hay en ellas semejanza ni desemejanza; pues, si ellas fueran semejantes y desemejantes o tuvieran en sí mismas semejanza y desemejanza, las cosas otras que lo uno tendrían, sin duda, en sí mismas, dos formas contrarias entre sí.

—Es manifiesto.

—Pero les es imposible participar de dos —sean lo que fueren esos dos— a aquellas cosas que no participan de uno.

---

[158] Cf. 147a-b, 149c-d.

—Les es imposible.

160a —Así pues, las otras cosas no son semejantes ni desemejantes ni ambas cosas a la vez; pues, si fueran semejantes o desemejantes, participarían de una de las dos formas diferentes [159], y, si fueran ambas cosas a la vez, participarían de ambas formas contrarias. Pero esto se ha mostrado imposible.

—Es verdad.

—En consecuencia, ellas no son las mismas ni diferentes, ni en movimiento ni en reposo, ni llegando a ser ni pereciendo, ni mayores ni menores ni iguales; tampoco tienen ninguna otra afección de tal tipo; pues, suponiendo que las otras cosas estuvieran sujetas a alguna afección de ese tipo, participarán de lo uno, del dos, del tres, de lo impar, de lo par, de los cuales —según se mostró— es im-
b posible que ellas participen, por estar total y completamente privadas de lo uno.

—Es del todo cierto.

—Así pues, si lo uno es, es todas las cosas y no uno, tanto respecto de sí mismo como, del mismo modo, respecto de las otras cosas [160].

—Completamente cierto.

—Veamos, pues. Si lo uno no es [161], ¿no habrá que examinar a continuación qué consecuencias se siguen?

—Sí, examinémoslo.

---

[159] *henòs án toû hetérou eídous metéchoi.* ALLEN traduce de diferente modo: «participarían de una entre características diferentes», y remite a 159e, 158c, 157d y 149e.

[160] Esta conclusión resume los resultados de todos los argumentos de la primera hipótesis. Se inicia ahora la segunda hipótesis: «si lo uno no es».

[161] *ei mè ésti tò hén.*

—¿Qué tipo de hipótesis es ésta: “si lo uno no es” [162]? ¿Acaso difiere en algo de esta obra: “si lo no uno no es”?

—Difiere, en efecto.

—¿Sólo difiere o, aún más, decir “si lo no uno no es” es todo lo contrario de decir “si lo uno no es”? *c*

—Todo lo contrario.

—¿Y qué pasaría si alguien dijese “si la grandeza no es” o “si la pequeñez no es”, o algún otro enunciado de este tipo? ¿No está claro que aquello de lo que se dice que no es en cada uno de estos casos es algo diferente?

—Sí, en efecto.

—¿Y también está claro que aquello que se dice que no es es algo diferente de las otras cosas, cuando se dice “si lo uno no es”, y sabemos lo que se está enunciando?

—Lo sabemos.

—En consecuencia, cuando se dice “uno”, se enuncia, en primer término, algo cognoscible y, luego, diferente de las otras cosas, se le añada a él el ser o el no ser; pues no se conoce menos qué es eso de lo que se dice *d*
que no es y que se distingue de las otras cosas. ¿O no?

—Es necesario.

—En consecuencia, digámoslo desde el comienzo: si lo uno no es, qué debe resultar de ello. Ante todo es necesario, al parecer, acordarle lo siguiente: que de él hay ciencia, o, de lo contrario, no se sabrá de qué se está hablando cuando se diga “si lo uno no es”.

—Es verdad.

—¿Y también que las otras cosas son diferentes de él, ya que, de lo contrario, no podría decirse que él es diferente de las otras cosas?

---

[162] *ei hèn mè éstin.* Como en el caso de la hipótesis afirmativa (cf. n. 92), el cambio de orden de los términos respecto de la formulación inmediatamente anterior carece de significación.

—Sí, en efecto.

—Por lo tanto, a más de la ciencia, le es propia la
e diferencia. Pues cuando se dice que lo uno es diferente
de las otras cosas, no se está hablando de la diferencia
de las otras cosas, sino de la de él.

—Es manifiesto.

—Además, lo uno que no es participa del "aquel", del "algo", del "de éste", del "para éste" [163], tanto de éstas como de todas las determinaciones de este tipo. Pues no podría enunciarse lo uno ni las cosas diferentes de lo uno, ni lo que es para aquél, ni lo que es de aquél, ni podría decirse que es algo, si no participara del "algo" y de todo lo demás.

—Es cierto.

—A propósito, a lo uno, ya que no es, no le es posi-
161a ble ser, pero nada impide —y, más aún, es necesario—
que participe de muchas cosas, si lo que no es es precisamente aquel uno y no otra cosa. Si, por cierto, no es lo uno, si no es precisamente aquél lo que no es, sino que se está hablando sobre cualquier otra cosa, ya no puede pronunciarse nada; pero si es aquel uno y no otra cosa lo que se supone que no es, le es necesario participar tanto del "aquél" como de las muchas otras determinaciones.

—Sí, en efecto.

—En consecuencia, hay también en lo uno desemejanza respecto de las otras cosas; en efecto, las otras cosas, al ser diferentes de lo uno, también tendrán que ser de diferente tipo [164].

—Sí.

---

[163] Cf. 142a, 155d, 164a-b.

[164] *heteroîa*. Traduzco «de diferente tipo» para guardar el parentesco con *héteros* «diferente».

—¿Y las cosas que son de diferente tipo no son diversas [165]?

—¿Cómo no?

—¿Y las diversas no son desemejantes?

—Desemejantes, por supuesto. *b*

—Pero, si son desemejantes a lo uno, es evidente que las cosas desemejantes tendrán que ser desemejantes a algo desemejante.

—Evidente.

—Así, hay en lo uno una desemejanza, en relación con la cual las otras cosas son desemejantes a él.

—Parece.

—Pero si hay en lo uno una desemejanza con las otras cosas, ¿no es acaso necesario que haya en él una semejanza consigo mismo?

—¿Cómo?

—Si en lo uno hubiera desemejanza con lo uno, no hablaríamos de algo tal como lo uno, ni la hipótesis sería sobre lo uno, sino sobre algo otro que lo uno.

—En efecto.

—Pero eso no puede ser así. *c*

—No, por cierto.

—Es necesario, entonces, que haya en lo uno semejanza de sí mismo consigo mismo.

—Es necesario.

—Pero, a su vez, tampoco es igual a las otras cosas, pues, si fuera igual, él, en efecto, sería y, además, en razón de esa igualdad, sería semejante a ellas. Pero estas cosas son ambas imposibles, si lo uno no es.

—Imposibles.

—Y puesto que no es igual a las otras cosas, ¿no es también necesario que las otras cosas no sean iguales a él?

---

[165] *alloîa.* Cf. n. 114.

—Es necesario.

—¿Y las cosas no iguales no son desiguales?

—Sí.

—¿Y las desiguales no son desiguales a un desigual?

—¿Cómo no?

—Así pues, ¿participa lo uno de la desigualdad, en
d relación con la cual las otras cosas son desiguales a él?

—Participa.

—En la desigualdad hay, sin duda, grandeza y pequeñez.

—Sí, las hay.

—¿Entonces en lo uno, que es de tal naturaleza [166], hay también grandeza y pequeñez?

—Muy posible.

—Pero, sin duda, grandeza y pequeñez distan siempre entre sí.

—En efecto.

—En consecuencia, entre ellas hay siempre algo intermedio.

—Lo hay.

—¿Puedes, pues, decirme alguna otra cosa intermedia entre ellas, a más de la igualdad?

—No, sólo ella.

—En consecuencia, en aquello en lo que hay grandeza y pequeñez, hay también igualdad, dado que ésta es intermedia entre ellos.

e —Es manifiesto.

—Así pues, a lo uno que no es, al parecer, le corresponde participar [167] de la igualdad, de la grandeza y de la pequeñez.

---

[166] Es decir, desigual.

[167] *meteînai.* Usado como exacto sinónimo de *metéchein,* que figura en el párrafo siguiente.

—Parece.

—Y también es necesario que, de algún modo, participe del ser.

—¿Cómo es eso?

—Sucede con él tal como decimos; porque, si así no sucediese, no diríamos verdad al decir que lo uno no es; pero si decimos cosas verdaderas, es evidente que estamos diciendo cosas que, ellas mismas, son. ¿O no es así?

—Así, claro está.

—Y puesto que, según afirmamos, decimos cosas verdaderas, nos es preciso afirmar también que decimos cosas 162*a*
que son.

—Nos es preciso.

—En consecuencia, lo uno que no es, al parecer, es; pues, si no fuese algo que no es, sino que en alguna medida se desligase del ser para no ser, sería, sin más, algo que es.

—Absolutamente cierto.

—En consecuencia, si debe no ser, es necesario que tenga la propiedad de ser no ser, como lazo que lo conecte con el no ser, del mismo modo que lo que es debe tener la propiedad de no ser un no ser, para que a él, a su vez, le sea posible ser acabadamente [168]; porque sólo del siguiente modo lo que es sería en pleno sentido y lo que no es no sería: lo que es, participando del ser del ser algo que es y del no ser del ser algo que no es, si ha de ser acaba- *b*
damente [169]; y lo que no es, participando del no ser del

[168] Para la elección de la lectura y la traducción, sigo la sugerencia de CORNFORD, pág. 226, n. 1.

[169] Según VLASTOS («Self-Predication...», en *Platonic Studies*, página 339), en *este* pasaje está claramente implicado que el ser puede, y debe, participar del ser a fin de ser. La autoparticipación, que se declaraba imposible para la unidad en 157e-158b, se declara necesaria para el ser en este pasaje.

no ser algo que no es y del ser del ser algo que no es, si también lo que no es, a su vez, habrá de no ser acabadamente.

—Es del todo cierto.

—Y puesto que lo que es participa del no ser, y lo que no es, del ser, también lo uno, dado que no es, es necesario que participe del ser, para lograr no ser.

—Es necesario.

—Por cierto, resulta claro que lo uno posee el ser, si no es.

—Resulta claro.

—Pero también que posee el no ser, precisamente porque no es.

—¿Cómo no?

—Lo que se halla en cierta condición, ¿puede no hallarse más en ella si no cambia, saliendo de ese estado?

—No puede.

—Por lo tanto, todo lo que es tal que se halla en
c cierta condición y no se halla en ella supone un cambio.

—¿Cómo no?

—Pero cambio es movimiento. ¿O qué diremos que es?

—Movimiento.

—Ahora bien, ¿lo uno se nos ha mostrado que es y que no es? [170].

—Sí.

—Se nos ha mostrado, entonces, hallándose en cierta condición y no hallándose en ella.

—Parece.

---

[170] Aplicación a lo uno que no es de las consecuencias del apéndice del segundo argumento de la primera hipótesis (155e ss.)

—También, entonces, lo uno que no es se nos muestra en movimiento, si es que tiene un cambio del ser al no ser.

—Eso parece.

—Pero, sin embargo, si no está en ningún lugar de las cosas que son, como no lo está, ya que no es, no podrá cambiar de un lugar a otro.

—¿Cómo podrá, en efecto?

—Por lo tanto, no es por trasladarse por lo que se *d*
movería.

—No, por supuesto.

—Ni tampoco podría tener rotación en el mismo lugar, pues no está en contacto con lo mismo en ningún punto. Lo mismo, en efecto, es algo que es; pero lo que no es es imposible que sea en alguna de las cosas que son.

—Imposible, en efecto.

—En consecuencia, lo uno, que no es, no podría tener rotación en aquello en lo que no es.

—No, claro que no.

—Sin duda, lo uno tampoco se altera respecto de sí mismo, ni lo uno que es ni lo uno que no es, pues, si se alterara respecto de sí mismo, no estaríamos hablando sobre lo uno, sino sobre alguna otra cosa [171].

—Es cierto.

—Pero si no se altera ni rota en el mismo lugar ni se traslada, ¿podrá moverse todavía de algún modo? *e*

—¿Cómo podrá?

—Ahora bien, lo inmóvil se está necesariamente quieto y lo que se está quieto está en reposo.

—Es necesario.

—En consecuencia, lo uno, que no es, al parecer, está en reposo y se mueve.

---

[171] Cf. 161b.

—Parece.

163a —Ahora bien. Si se mueve, es del todo necesario que se altere; pues, se mueva como sea, en la medida en que algo se mueve, en esa medida, ya no se halla en la misma condición en que se hallaba, sino en otra diferente.

—Así es.

—Así pues, lo uno, al moverse, también se altera.

—Sí.

—Pero si no se mueve de ningún modo, de ningún modo se alterará.

—No, en efecto.

—En consecuencia, en tanto se mueve, lo uno que no es se altera y, en tanto no se mueve, no se altera.

—No, por cierto.

—En consecuencia, lo uno que no es se altera y no se altera.

—Así parece.

—Pero lo que se altera, ¿acaso no es necesario que llegue a ser diferente de lo que era anteriormente, y que perezca, dejando su estado anterior? ¿Y que lo que no se
b altera, ni llegue a ser ni perezca?

—Es necesario.

—En consecuencia, lo uno que no es, al alterarse, llega a ser y perece; y, al no alterarse, ni llega a ser ni perece. Y, de este modo, lo uno que no es llega a ser y perece y ni llega a ser ni perece.

—En efecto.

—Bien. Regresemos nuevamente al comienzo, para examinar si se nos presentan las mismas consecuencias que ahora, o bien otras diferentes.

—Sí, es preciso.

c —¿Preguntábamos, entonces, si lo uno no es, qué debe seguirse como consecuencia respecto de él?

—Sí.

—Cuando decimos "no es", ¿eso significa, acaso, otra cosa que ausencia de ser en eso de lo cual afirmamos que no es?

—Ninguna otra cosa.

—En consecuencia, ¿cuando afirmamos que algo no es, estamos diciendo que él en cierto modo no es, pero que en cierto modo es? ¿O esta expresión, "no es", estrictamente significa que lo que no es de ningún modo es ni en ningún sentido es ni participa en alguna manera del ser? [172].

—Tiene ese significado, el más estricto.

—En consecuencia, lo que no es no podrá ser ni participar del ser de ninguna otra manera. *d*

—No, en efecto.

—Pero llegar a ser y perecer, ¿qué otra cosa eran sino tomar parte del ser y perder el ser respectivamente? [173].

—Ninguna otra cosa.

—Y aquello que no participa para nada de él, no podrá tomarlo ni perderlo.

—¿Cómo podría, en efecto?

—En consecuencia, lo uno, puesto que de ningún modo es, no posee el ser ni lo deja ni toma parte de él de ningún modo.

—Verosímil.

—En consecuencia, lo uno que no es ni perece ni llega a ser, puesto que de ningún modo participa del ser.

—Parece que no.

---

[172] Aquí se está tomando «no ser» en sentido pleno y absoluto, como contrario del ser, que es inconcebible, impronunciable, indecible (*Sofista* 238b-d).

[173] Cf. 156a.

e —Tampoco, entonces, se altera de ningún modo; en efecto, si eso le sucediera, llegaría a ser y perecería [174].

—Es verdad.

—Y si no se altera, ¿no es necesario que tampoco se mueva?

—Es necesario.

—Podemos decir, además, que lo que no está en ningún lugar no está en reposo; pues lo que está en reposo es preciso que esté en un lugar, siempre el mismo.

—En el mismo lugar, ¿cómo no?

—Así pues, digamos esta vez que lo que no es ni está en reposo ni se mueve.

—No, en efecto.

—Tampoco hay en él [175] nada de lo que es; pues,
164a si participara de algo que es, participaría del ser.

—Es evidente.

—En consecuencia, no hay en él [176] grandeza ni pequeñez ni igualdad.

—No, por cierto.

—Ni podría haber en él semejanza ni diferencia, ni respecto de sí mismo ni respecto de las otras cosas.

—Parece que no.

—¿Y qué? ¿Hay modo de que las otras cosas estén en él, si nada debe haber en él?

—No lo hay.

—En consecuencia, las otras cosas no son ni semejantes ni desemejantes a él, ni las mismas que él ni diferentes de él.

---

[174] Cf. 163a-b.

[175] *oud' ésti autô,* en dativo; literalmente, «para él no es nada de lo que es». Platón sigue usando el verbo «ser», que debemos traducir por «haber» para que resulte comprensible en castellano.

[176] Cf. n. ant.

—No, en efecto.

—¿Y qué? Las expresiones "de aquél" o "para aquél" o "algo" o "esto" o "de esto" o "de otro" o "para otro" o "antes" o "después" o "ahora", o ciencia u opinión *b* o sensación o enunciado o nombre, u otra cualquiera de las cosas que son, ¿podrán referirse a lo que no es? [177].

—No podrán.

—Así pues, lo uno que no es no posee ningún tipo de determinación.

—No. Parece que no tiene ningún tipo de determinación.

—Digamos aún, si lo uno no es, qué afecciones deben seguirse para las otras cosas.

—Digámoslo.

—Es, sin duda, necesario, que ellas sean otras; pues, si no fueran otras, no podría hablarse sobre las otras cosas.

—Así es.

—Pero si se habla sobre las otras cosas, las otras cosas son diferentes. ¿O no te refieres a lo mismo cuando dices "otro" y "diferente"?

—Sí, yo sí. *c*

—Ahora bien, ¿decimos que lo diferente es diferente de un diferente, y que lo otro es, en efecto, otro que un otro?

—Sí.

—En consecuencia, para los otros, si es que han de ser otros, hay algo respecto de lo cual serán otros.

—Es necesario.

—¿Y qué podría ser, entonces? Por cierto, no será respecto de lo uno en relación con lo que ellas son otras, dado que él no es.

---

[177] Cf. 142a, 155d, 160e.

—No, en efecto.

—Lo son recíprocamente, en consecuencia; esto, en efecto, es lo único que les resta, salvo que fueran otras respecto de nada.

—Es cierto.

—Por lo tanto, ellas son cada una otra que cada una, en tanto pluralidades; pues, en tanto unidades no podrían
d serlo, dado que lo uno no es. Pero cada masa [178] de ellas, al parecer, es ilimitada en pluralidad, y cuando alguien aprehende lo que parece ser lo más pequeño posible, como si fuera una imagen en un sueño, aparece instantáneamente múltiple en lugar del uno que parecía ser, y, en lugar de totalmente pequeño, aparece enorme, frente a las pequeñas porciones en que ha sido fragmentado.

—Del todo cierto.

—Es, pues, como masas de este tipo como las otras cosas serán otras entre sí, si es que, no siendo lo uno, ellas son otras.

—Ciertamente.

—¿Y habrá muchas masas, cada una de las cuales aparecerá una, aunque no lo sea, puesto que lo uno no es?

—Así es.

e —Y parecerá que tienen número, ya que cada una es una y son múltiples.

—En efecto.

---

[178] *ógkos.* Es el término usado por PARMÉNIDES (fr. 8, 43) para «la masa de una esfera bien redonda». La palabra está elegida, a falta de una mejor, para describir una multiplicidad carente de toda unidad. El término puede significar «bloque» o «masa» y, como término médico, «tumor»; puede haber sido usada por Zenón. Aristóteles la usa habitualmente para designar la masa o el volumen de un cuerpo (cf. *Física* VI 239b 34). Cf. ALLEN, pág. 287 y n. 226.

—Además, entre ellas, unas aparecerán pares y otras impares, pero no lo serán en realidad, dado que lo uno no es.

—No, claro que no.

—También, decimos [179], lo extremadamente pequeño parecerá estar en ellas; pero esto aparece múltiple y grande en relación con cada uno de sus múltiples componentes, que son pequeños. 165*a*

—¿Cómo no?

—Y parecerá que cada masa es igual a esos pequeños múltiples, pues no podría pasar, siempre en apariencia, de lo mayor a lo menor, sin parecer que llega antes a lo intermedio; pero ésta será una apariencia de igualdad [180].

—Verosímilmente.

—¿Parecerá también que tienen un límite respecto de otra masa, pero que ella misma, respecto de sí misma, no tiene principio ni límite ni medio?

—¿Por qué?

—Porque siempre que con el pensamiento se aprehenda alguno de ellos como si fuera algo que es, antes *b*
del principio aparecerá siempre otro principio, y después del fin, otro fin ulterior, y en el medio, otros puntos más medianos que el medio, pero más pequeños, debido a la imposibilidad de aprehender la unidad de cada uno de ellos, puesto que lo uno no es.

—Es muy verdadero.

—Entonces es preciso —así lo creo— que se haga pedazos y se fragmente todo lo que no es, cuando se lo aprehenda con el pensamiento; pues, sin duda, siempre se lo aprehenderá como una masa sin unidad.

---

[179] Cf. 164d.

[180] *dokeîn* «parecer»; *phaínesthai* «aparecer»; *phántasma* «apariencia». Hay estrecho parentesco entre los dos últimos términos.

—Sí, en efecto.

c —Y una masa de tal tipo, ¿no se le aparecerá necesariamente como una a quien la mira de lejos y con vista débil, pero, a quien la piensa desde cerca y con agudeza, cada una no se le aparecerá ilimitada en multiplicidad, si es que está privada de lo uno, que no es?

—Es de toda necesidad.

—Así pues, si lo uno no es, pero las cosas otras que lo uno son, cada una de las otras cosas deberá aparecer ilimitada y teniendo límite, una y múltiple.

—Es necesario.

—¿Y también parecerán tanto semejantes cuanto desemejantes?

—¿De qué modo, pues?

—Como para quien ve a la distancia figuras sombreadas [181]: todas ellas aparecen como una unidad y aparentan tener la misma afección y ser semejantes.

—En efecto.

d —Pero a quien se aproxima, se le aparecen múltiples y diferentes, y, en virtud de su apariencia de diferencia, de diferente tipo y desemejantes entre sí.

—Así es.

—De ahí que sea necesario que las masas aparezcan, ellas mismas, semejantes y desemejantes tanto a sí mismas como entre sí.

—En efecto.

—Y, además, que aparezcan las mismas y diferentes entre sí, y en contacto consigo mismas y separadas de sí mismas, sujetas a todo tipo de movimiento y totalmente en reposo, llegando a ser y pereciendo, y ni una cosa ni

---

[181] Agoglia, siguiendo a Diès, traduce por «pintura en perspectiva». Comparación frecuente en Platón (cf. *Teeteto* 208e; *Sofista* 235e-236b; *República* X 602c-d; *Filebo* 41e-42a).

la otra, y, en fin, con todas las demás afecciones de ese tipo, a las que podríamos ahora pasar fácilmente revista, supuesto que, si lo uno no es, lo múltiple es. *e*

—Es muy verdadero.

—Por cierto, volviendo todavía, una vez más, al comienzo, digamos: si lo uno no es y las cosas otras que lo uno son, qué debe resultar.

—Digámoslo.

—Las otras cosas, sin duda, no serán uno.

—¿Cómo, en efecto?

—Pero tampoco múltiples; pues en las cosas que son múltiples tendría que estar también presente lo uno; si, pues, ninguna de ellas es una, todas juntas no son nada [182], de manera que tampoco podrán ser múltiples.

—Es verdad.

—Pero si lo uno no está en las otras cosas, las otras cosas no serán múltiples ni uno.

—No, en efecto.

—Tampoco aparecerán uno ni múltiples. 166*a*

—¿Por qué?

—Porque las otras cosas de ningún modo y en ningún sentido tienen ninguna comunidad con ninguna de las cosas que no son, ni hay alguna de las cosas que no son presente en ellas; pues no hay ninguna parte en las cosas que no son.

—Es verdad.

—En consecuencia, no hay presente en las otras cosas ni opinión ni tampoco apariencia de lo que no es, ni lo que no es en ningún sentido ni de ninguna manera puede ser opinado por las otras cosas [183].

---

[182] Si ninguna de las cosas múltiples es una, *hén,* todas ellas en conjunto serán no-una, *oudén,* es decir, nada, ninguna cosa. Adviértase el juego entre *hén* y *oudén,* como en 144c.

[183] Leo *hypó,* según los Mss. y como lo hacen Diès, Allen, Moreau,

—No, en efecto.

b —En consecuencia, si lo uno no es, tampoco de alguna de las otras cosas puede opinarse que sea uno ni múltiple; porque sin uno es imposible tener opinión de múltiples.

—Imposible, en efecto.

—En consecuencia, si lo uno no es, las otras cosas no son ni uno ni múltiples, ni se puede opinar que son uno ni múltiples.

—Parece.

—Tampoco, entonces, semejantes ni desemejantes.

—No, en efecto.

—Ni tampoco las mismas ni diferentes, ni en contacto ni separadas, ni todas cuantas cosas aparecían en los argumentos anteriores; pues las otras cosas no son nada de todo esto ni aparecen como tales, si lo uno no es.

—Es verdad.

c —Por lo tanto, si dijéramos, para resumir: si lo uno no es, nada es, ¿estaríamos hablando con acierto?

—Sí, absolutamente.

—Afirmémoslo, entonces, y digamos además que, al parecer, si lo uno es o bien si lo uno no es, él y las otras cosas son absolutamente todo y no lo son, aparecen como absolutamente todo y no lo aparecen, tanto respecto de sí mismas como entre sí [184].

—Es enteramente cierto.'»

Zadro y Agoglia. Burnet, siguiendo la conjetura de Schleiermacher, imprime *epí;* siguen esta lectura Cornford (que la justifica en n. *ad loc.*), Jowett y Fowler. No hay motivo para desconfiar de la lectura de los manuscritos: entre los otros, hay mentes, cosas que son o que tienen mentes; cf. 142a, 132c, y n. *ad loc.* de Allen.

[184] Conclusión final de las dos hipótesis.